El abecedario
Alphabet

Nombre _____

Escribe el afabeto español.

abeja

Aa
‑ ‑ ‑ ‑ ‑ ‑ ‑ ‑ ‑

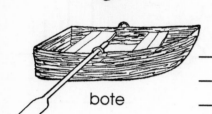
bote

Bb
‑ ‑ ‑ ‑ ‑ ‑ ‑ ‑ ‑

casa

Cc
‑ ‑ ‑ ‑ ‑ ‑ ‑ ‑ ‑

dedo

Dd
‑ ‑ ‑ ‑ ‑ ‑ ‑ ‑ ‑

elefante

Ee
‑ ‑ ‑ ‑ ‑ ‑ ‑ ‑ ‑

flor

Ff
‑ ‑ ‑ ‑ ‑ ‑ ‑ ‑ ‑

gato

Gg
‑ ‑ ‑ ‑ ‑ ‑ ‑ ‑ ‑

helado

Hh
‑ ‑ ‑ ‑ ‑ ‑ ‑ ‑ ‑

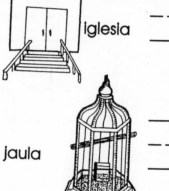
iglesia

Ii
‑ ‑ ‑ ‑ ‑ ‑ ‑ ‑ ‑

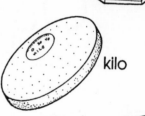
jaula

Jj
‑ ‑ ‑ ‑ ‑ ‑ ‑ ‑ ‑

kilo

Kk
‑ ‑ ‑ ‑ ‑ ‑ ‑ ‑ ‑

lápiz

Ll
‑ ‑ ‑ ‑ ‑ ‑ ‑ ‑ ‑

mono

Mm
‑ ‑ ‑ ‑ ‑ ‑ ‑ ‑ ‑

nariz

Nn
‑ ‑ ‑ ‑ ‑ ‑ ‑ ‑ ‑

IF8790 Spanish

El abecedario

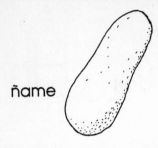
ñame

Ññ

tambor

Tt

oso

Oo

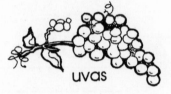
uvas

Uu

puerta

Pp

ventana

Vv

queso

Qq

(There are no W's in Spanish.)

Ww

radio

Rr

xilófono

Xx

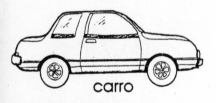
carro

rr

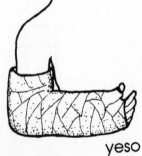
yeso

Yy

sillón

Ss

zapato

Zz

Los números
Numbers

Nombre _____

Escribe en español. (Write in Spanish.)

0 cero

1 uno

2 dos

- - - - - - - - - - - -

3 tres

4 cuatro

5 cinco

- - - - - - - - - - - -

6 seis

7 siete

8 ocho

- - - - - - - - - - - -

9 nueve

10 diez

11 once

- - - - - - - - - - - -

12 doce

13 trece

14 catorce

- - - - - - - - - - - -

15 quince

16 dieciséis

17 diecisiete

- - - - - - - - - - - -

18 dieciocho

19 diecinueve

20 veinte

- - - - - - - - - - - -

Los números

Nombre _____

Escribe en español.

21 veintiuno

22 veintidós

23 veintitrés

24 veinticuatro

25 veinticinco

26 veintiséis

27 veintisiete

28 veintiocho

29 veintinueve

30 treinta

31 treinta y uno

32 treinta y dos

33 treinta y tres

34 treinta y cuatro

35 treinta y cinco

36 treinta y seis

37 treinta y siete

38 treinta y ocho

39 treinta y nueve

40 cuarenta

50 cincuenta

Los números

Nombre _____

Escribe los números que corresponden en español. (Write the correct numbers in Spanish.)

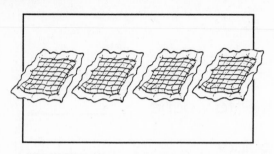

_____

- - - - - - - - - - - - - - - - - -

_____

_____

- - - - - - - - - - - - - - - - - -

_____

_____

- - - - - - - - - - - - - - - - - -

_____

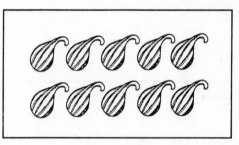

_____

- - - - - - - - - - - - - - - - - -

_____

_____

- - - - - - - - - - - - - - - - - -

_____

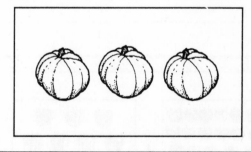

_____

- - - - - - - - - - - - - - - - - -

_____

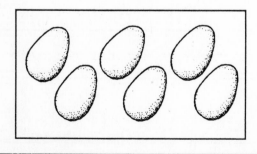

_____

- - - - - - - - - - - - - - - - - -

_____

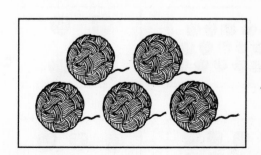

_____

- - - - - - - - - - - - - - - - - -

_____

Los números

Escribe los números. (Write the numbers.)

Example: trece   _____13_____

veintitrés	_____	cuarenta	_____
doce	_____	treinta y ocho	_____
treinta y seis	_____	quince	_____
dieciséis	_____	siete	_____
diecinueve	_____	cuatro	_____
veinticuatro	_____	catorce	_____

$$6 + 4$$

$$22 + 10$$

$$15 + 25$$

Los colores
Colors

Nombre _____

Escribe los colores en español. (Write the colors in Spanish.)

amarillo

_____
- - - - - - - - - - - - - - - - - -
_____

anaranjado

_____
- - - - - - - - - - - - - - - - - -
_____

rojo

_____
- - - - - - - - - - - - - - - - - -
_____

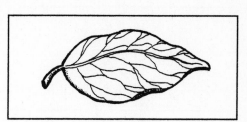

verde

_____
- - - - - - - - - - - - - - - - - -
_____

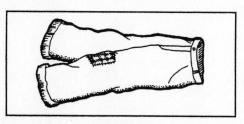

azul

_____
- - - - - - - - - - - - - - - - - -
_____

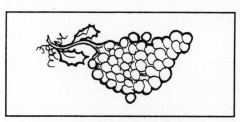

morado

_____
- - - - - - - - - - - - - - - - - -
_____

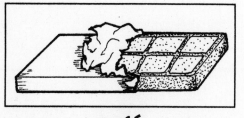

café

_____
- - - - - - - - - - - - - - - - - -
_____

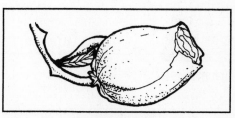

rosado

_____
- - - - - - - - - - - - - - - - - -
_____

Los colores

Nombre _____

Escribe los colores en español. (Write the colors in Spanish.)

negro

_____
- - - - - - - - - - - - - - - - - - - -
_____

gris

_____
- - - - - - - - - - - - - - - - - - - -
_____

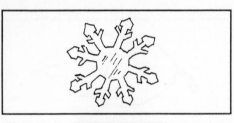

blanco

_____
- - - - - - - - - - - - - - - - - - - -
_____

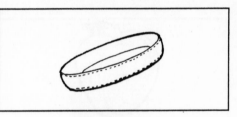

dorado

_____
- - - - - - - - - - - - - - - - - - - -
_____

1. The sky is

   _____

2. Snow is

   _____

3. The sun is

   _____

4. My house is

   _____

5. Dirt is

   _____

6. In the summer leaves are

   _____

7. Grape juice is

   _____

8. An orange is

   _____

9. Roses are

   _____

   and violets are

   _____

10. My shirt is

    _____

11. Some jewelry is

    _____

El calendario
The Calendar

Nombre _____

Escribe en español.

el calendario

_____

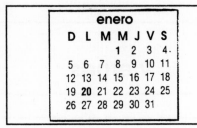

el mes

_____

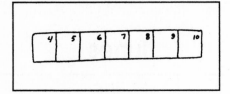

la semana

_____

el día

_____

1993

el año

_____

Escribe las palabras que corresponden en español. (Write the correct words in Spanish.)

12 meses = _____

4 semanas = _____

7 días = _____

24 horas = _____

Los días de la semana
The Days of the Week

Nombre _____

Escribe en español.

Escribe el día siguiente.
(Write the following day.)

lunes (Monday)
_____
- -
_____

martes (Tuesday)
_____
- -
_____

miércoles (Wednesday)
_____
- -
_____

jueves (Thursday)
_____
- -
_____

viernes (Friday)
_____
- -
_____

sábado (Saturday)
_____
- -
_____

domingo (Sunday)
_____
- -
_____

martes
_____
- -
_____

viernes
_____
- -
_____

lunes
_____
- -
_____

jueves
_____
- -
_____

miércoles
_____
- -
_____

domingo
_____
- -
_____

sábado
_____
- -
_____

Los meses
The Months

Escribe en español.

Nota: Months are **not** capitalized in Spanish.

enero (January)
_____
- - - - - - - - - - - - - - - - -
_____

febrero (February)
_____
- - - - - - - - - - - - - - - - -
_____

marzo (March)
_____
- - - - - - - - - - - - - - - - -
_____

abril (April)
_____
- - - - - - - - - - - - - - - - -
_____

mayo (May)
_____
- - - - - - - - - - - - - - - - -
_____

junio (June)
_____
- - - - - - - - - - - - - - - - -
_____

julio (July)
_____
- - - - - - - - - - - - - - - - -
_____

agosto (August)
_____
- - - - - - - - - - - - - - - - -
_____

septiembre (September)
_____
- - - - - - - - - - - - - - - - -
_____

octubre (October)
_____
- - - - - - - - - - - - - - - - -
_____

noviembre (November)
_____
- - - - - - - - - - - - - - - - -
_____

diciembre (December)
_____
- - - - - - - - - - - - - - - - -
_____

Los meses

Escribe el mes siguiente. (Write the following month.)

diciembre

agosto

mayo

febrero

septiembre

enero

abril

octubre

junio

marzo

noviembre

julio

12

La casa
The House

Escribe en español.

el dormitorio

_____

- - - - - - - - - - - - - - -

_____

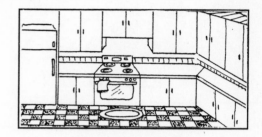

la cocina

_____

- - - - - - - - - - - - - - -

_____

la ventana

_____

- - - - - - - - - - - - - - -

_____

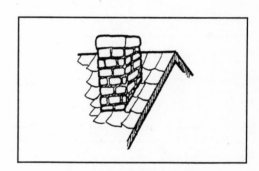

la chimenea

_____

- - - - - - - - - - - - - - -

_____

el jardín

_____

- - - - - - - - - - - - - - -

_____

el patio

_____

- - - - - - - - - - - - - - -

_____

La casa

Escribe en español.

la sala

el comedor

el baño

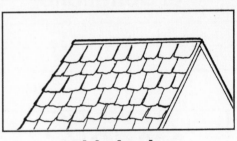

el tejado

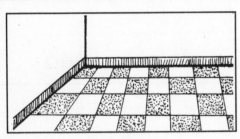

el piso

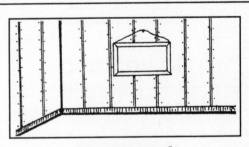

la pared

la puerta

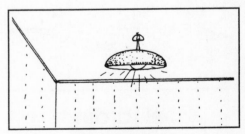

el techo

La casa

Dibuja las partes de la casa y escribe las palabras en español.
(Draw the parts of the house and label them in Spanish.)

door	bedroom	kitchen
roof	chimney	bathroom
floor	dining room	window

Cosas de la casa
Household Items

Escribe en español.

el sofá

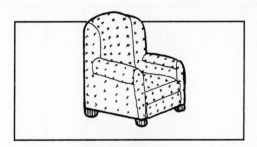

el sillón

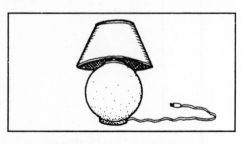

la lámpara

la mesa

la cama

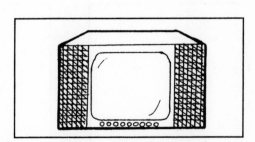

el televisor

Cosas de la casa

Escribe en español.

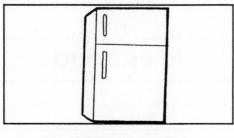

el refrigerador

_ _ _ _ _ _ _ _ _ _ _ _ _ _ _ _ _ _ _ _

_____

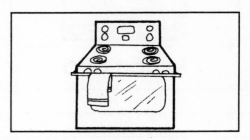

el horno

_ _ _ _ _ _ _ _ _ _ _ _ _ _ _ _ _ _ _ _

_____

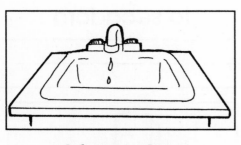

el fregadero

_ _ _ _ _ _ _ _ _ _ _ _ _ _ _ _ _ _ _ _

_____

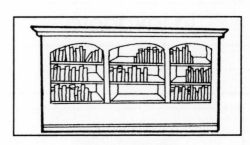

el estante

_ _ _ _ _ _ _ _ _ _ _ _ _ _ _ _ _ _ _ _

_____

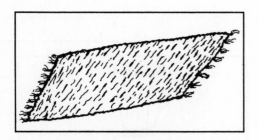

la alfombra

_ _ _ _ _ _ _ _ _ _ _ _ _ _ _ _ _ _ _ _

_____

el teléfono

_ _ _ _ _ _ _ _ _ _ _ _ _ _ _ _ _ _ _ _

_____

Cosas de la casa

Escribe en español.

Nombre _____

la cómoda

- -

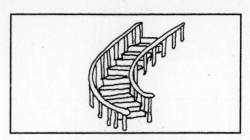

la escalera

- -

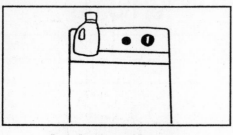

la lavadora

- -

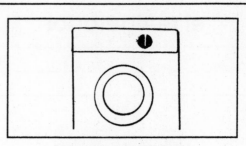

la secadora

- -

la escoba

- -

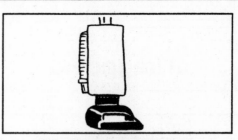

la aspiradora

- -

la tostadora

- -

la licuadora

- -

Cosas de la casa

Escribe en español.

Nombre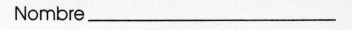

el ventilador

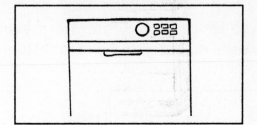

el lavaplatos

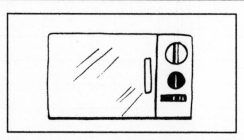

el horno a microondas

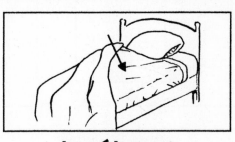

el trapeador

las cortinas

la sábana

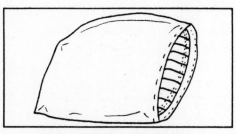

la almohada

la cobija

Cosas de la casa

Nombre _____

Dibuja los objetos y escríbe los en español.
(Draw the objects listed and label them in Spanish.)

broom	blanket	mop

blender	vacuum cleaner	fan

toaster	curtains	dryer

Cosas de la casa

Dibuja los objetos en la casa: (Draw the objects in the house:)

la lámpara   la chimenea
el teléfono   el sofá
el televisor   el fregadero
la mesa   el estante
el refrigerador   el sillón
el horno   la cama
la alfombra   la cómoda

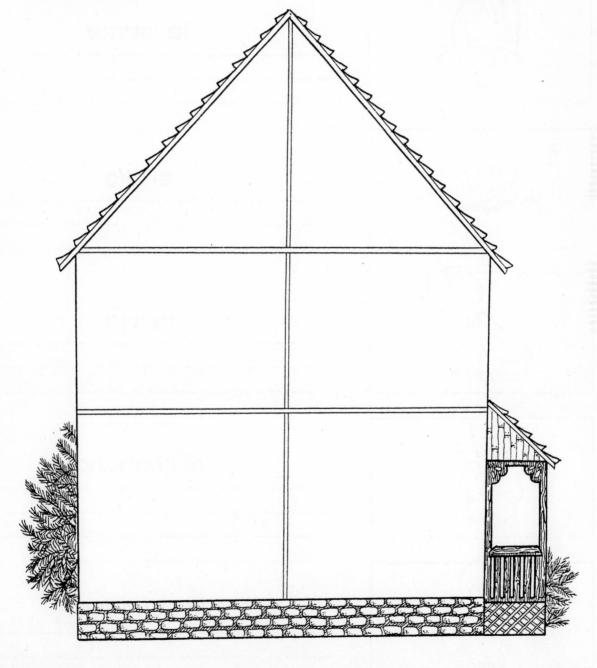

La familia
The Family

Escribe en español.

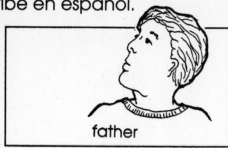
father

el padre

_____

- - - - - - - - - - - - - - - - - -

mother

la madre

_____

- - - - - - - - - - - - - - - - - -

son

el hijo

_____

- - - - - - - - - - - - - - - - - -

daughter

la hija

_____

- - - - - - - - - - - - - - - - - -

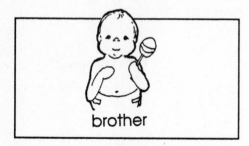
brother

el hermano

_____

- - - - - - - - - - - - - - - - - -

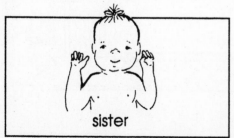
sister

la hermana

_____

- - - - - - - - - - - - - - - - - -

La familia

Escribe en español.

grandfather

el abuelo

_____
_ _ _ _ _ _ _ _ _ _ _ _ _ _

grandmother

la abuela

_____
_ _ _ _ _ _ _ _ _ _ _ _ _ _

uncle

el tío

_____
_ _ _ _ _ _ _ _ _ _ _ _ _ _

aunt

la tía

_____
_ _ _ _ _ _ _ _ _ _ _ _ _ _

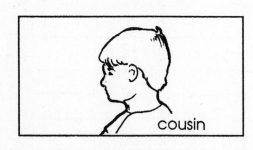
cousin

el primo

_____
_ _ _ _ _ _ _ _ _ _ _ _ _ _

cousin

la prima

_____
_ _ _ _ _ _ _ _ _ _ _ _ _ _

La familia

Nombre _____

Escribe en español.

mother _____

father _____

grandmother _____

grandfather _____

uncle _____

son _____

brother _____

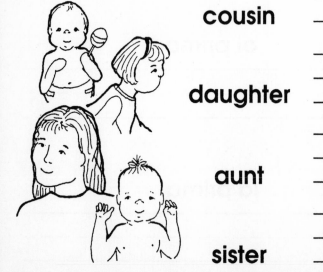

cousin _____

daughter _____

aunt _____

sister _____

La familia

Draw pictures of your family where indicated and label them in Spanish.

La ropa
Clothing

Nombre_____

Escribe en español.

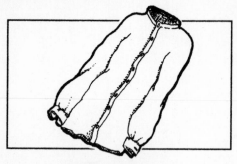

la camisa

_____
- - - - - - - - - - - - - - -
_____

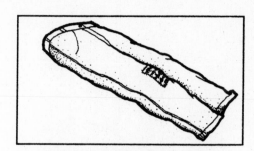

los pantalones

_____
- - - - - - - - - - - - - - -
_____

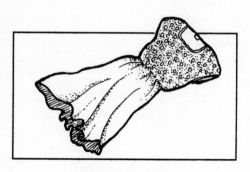

el vestido

_____
- - - - - - - - - - - - - - -
_____

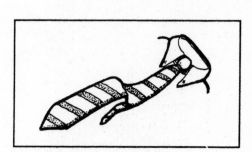

la corbata

_____
- - - - - - - - - - - - - - -
_____

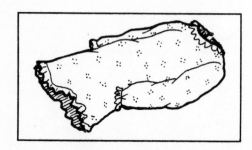

el pijama

_____
- - - - - - - - - - - - - - -
_____

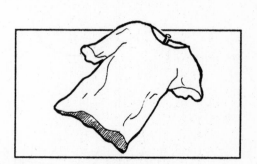

la blusa

_____
- - - - - - - - - - - - - - -
_____

IF8790 Spanish

La ropa

Escribe en español.

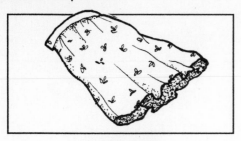

la falda

- - - - - - - - - - - - - - - - -

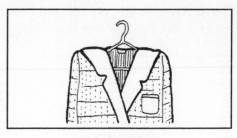

el traje

- - - - - - - - - - - - - - - - -

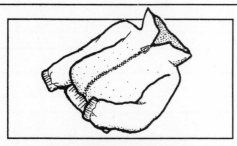

el abrigo

- - - - - - - - - - - - - - - - -

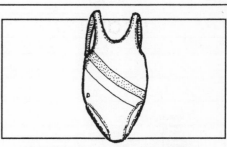

el traje de baño

- - - - - - - - - - - - - - - - -

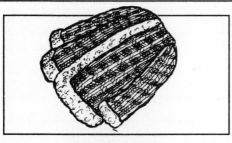

la chaqueta

- - - - - - - - - - - - - - - - -

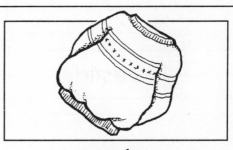

el suéter

- - - - - - - - - - - - - - - - -

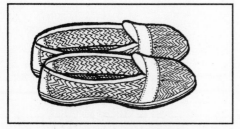

los zapatos

- - - - - - - - - - - - - - - - -

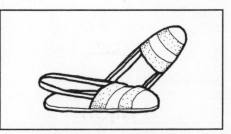

las sandalias

- - - - - - - - - - - - - - - - -

La ropa

Dibuja y escribe en español la ropa que llevas . . .
(Draw and write in Spanish the clothing you wear . . .)

to the beach	to school

_____

- - - - - - - - - - - - - - -

_____

- - - - - - - - - - - - - - -

to bed	to a wedding

_____

- - - - - - - - - - - - - - -

_____

- - - - - - - - - - - - - - -

when it's cold	when it's hot

_____

- - - - - - - - - - - - - - -

_____

- - - - - - - - - - - - - - -

Los accesorios
Accessories

Nombre_____

Escribe en español.

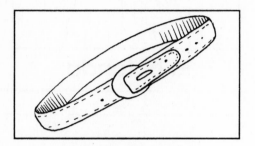

el cinturón

_____
- - - - - - - - - - - - - - - - -
_____

el anillo

_____
- - - - - - - - - - - - - - - - -
_____

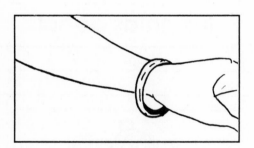

la pulsera

_____
- - - - - - - - - - - - - - - - -
_____

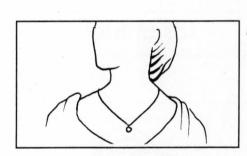

el collar

_____
- - - - - - - - - - - - - - - - -
_____

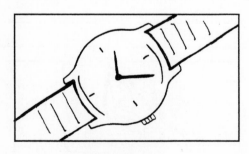

el reloj

_____
- - - - - - - - - - - - - - - - -
_____

el peine

_____
- - - - - - - - - - - - - - - - -
_____

Los accesorios

Escribe en español.

el sombrero

la bufanda

- - - - - - - - - - - - - - - - - - - -

los anteojos

las gafas de sol

- - - - - - - - - - - - - - - - - - - -

la bolsa

la mochila

- - - - - - - - - - - - - - - - - - - -

el paraguas

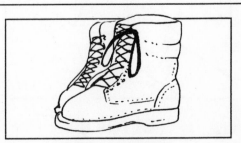

las botas

- - - - - - - - - - - - - - - - - - - -

Los accesorios

Escribe en español. (Write in Spanish.)

La comida
Food

Nombre _____

Escribe en español.

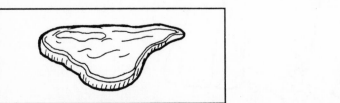

el pan

_____

- - - - - - - - - - - - - - -

el queso

_____

- - - - - - - - - - - - - - -

el pescado

_____

- - - - - - - - - - - - - - -

las frutas

_____

- - - - - - - - - - - - - - -

el café

_____

- - - - - - - - - - - - - - -

las legumbres

_____

- - - - - - - - - - - - - - -

la carne

_____

- - - - - - - - - - - - - - -

la torta

_____

- - - - - - - - - - - - - - -

La comida

Escribe en español.

la manzana

- - - - - - - - - - - - - - - - - - -

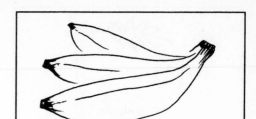

los plátanos

- - - - - - - - - - - - - - - - - - -

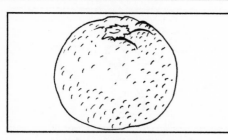

las cerezas

- - - - - - - - - - - - - - - - - - -

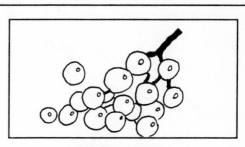

las uvas

- - - - - - - - - - - - - - - - - - -

la naranja

- - - - - - - - - - - - - - - - - - -

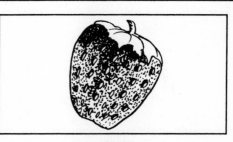

la fresa

- - - - - - - - - - - - - - - - - - -

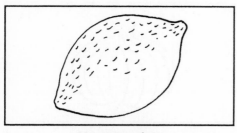

el limón

- - - - - - - - - - - - - - - - - - -

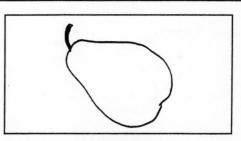

la pera

- - - - - - - - - - - - - - - - - - -

La comida

Escribe en español.

el tomate

_ _ _ _ _ _ _ _ _ _ _ _ _ _ _ _ _

la lechuga

_ _ _ _ _ _ _ _ _ _ _ _ _ _ _ _ _

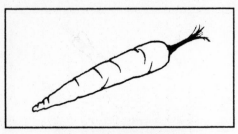

la zanahoria

_ _ _ _ _ _ _ _ _ _ _ _ _ _ _ _ _

el maíz

_ _ _ _ _ _ _ _ _ _ _ _ _ _ _ _ _

los frijoles

_ _ _ _ _ _ _ _ _ _ _ _ _ _ _ _ _

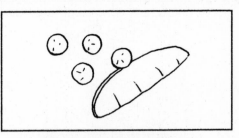

los guisantes

_ _ _ _ _ _ _ _ _ _ _ _ _ _ _ _ _

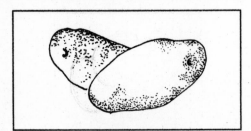

las papas

_ _ _ _ _ _ _ _ _ _ _ _ _ _ _ _ _

la cebolla

_ _ _ _ _ _ _ _ _ _ _ _ _ _ _ _ _

La comida

Escribe en español.

Nombre _____

_____

- - - - - - - - - - - - - - - - - - -

_____

_____

- - - - - - - - - - - - - - - - - - -

_____

_____

- - - - - - - - - - - - - - - - - - -

_____

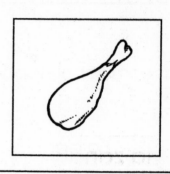

_____

- - - - - - - - - - - - - - - - - - -

_____

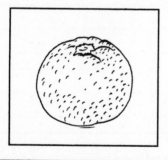

_____

- - - - - - - - - - - - - - - - - - -

_____

_____

- - - - - - - - - - - - - - - - - - -

_____

_____

- - - - - - - - - - - - - - - - - - -

_____

_____

- - - - - - - - - - - - - - - - - - -

_____

IF8790 Spanish

La comida

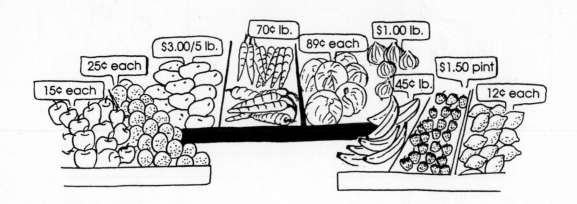

Escribe las comidas en español que corresponden. (Write the correct words in Spanish.)

15¢ each _____

$3 for 5 lb. _____

70¢ lb. _____

45¢ lb. _____

25¢ each _____

$1.00 lb. _____

$1.50 pint _____

89¢ each _____

12¢ each _____

En el supermercado
At the Supermarket

Nombre _____

Escribe en español.

el carrito

_____
- - - - - - - - - - - - - - -
_____

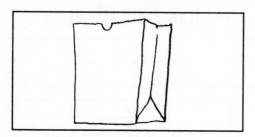

la bolsa

_____
- - - - - - - - - - - - - - -
_____

el precio

_____
- - - - - - - - - - - - - - -
_____

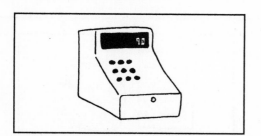

la caja

_____
- - - - - - - - - - - - - - -
_____

el cajero

_____
- - - - - - - - - - - - - - -
_____

la balanza

_____
- - - - - - - - - - - - - - -
_____

IF8790 Spanish

El desayuno
Breakfast

Escribe en español.

la leche

_____

- - - - - - - - - - - - - - - - -

_____

las salchichas

_____

- - - - - - - - - - - - - - - - -

_____

los huevos

_____

- - - - - - - - - - - - - - - - -

_____

el cereal

_____

- - - - - - - - - - - - - - - - -

_____

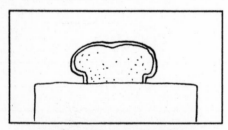

el pan tostado

_____

- - - - - - - - - - - - - - - - -

_____

el jugo de naranja

_____

- - - - - - - - - - - - - - - - -

_____

Escribe en español lo que comes para el desayuno.
(Write in Spanish what you have for breakfast.)

_____

- -

_____

_____

- -

El almuerzo
Lunch

Nombre _____

Escribe en español.

el sándwich

_____
- - - - - - - - - - - - - - -

la hamburguesa

_____
- - - - - - - - - - - - - - -

la ensalada

_____
- - - - - - - - - - - - - - -

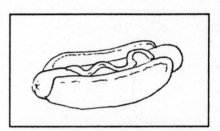

el perro caliente

_____
- - - - - - - - - - - - - - -

la salsa de tomate

_____
- - - - - - - - - - - - - - -

las papas fritas

_____
- - - - - - - - - - - - - - -

Escribe lo que comes para el almuerzo. (Write what you eat for lunch.)

_____
- -
_____
- -

La cena
Dinner

Escribe en español.

la chuleta

- - - - - - - -
---

el pollo

- - - - - - - -
---

el jamón

- - - - - - - -
---

el biftec

- - - - - - - -
---

el arroz

- - - - - - - -
---

la sopa

- - - - - - - -

Escribe lo que comes para la cena. (Write what you eat for dinner.)

- - - - - - - -

- - - - - - - -

El tiempo
Weather

Escribe en español.

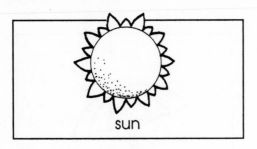
sun

el sol

_____

- - - - - - - - - - - - - - - -

clouds

las nubes

_____

- - - - - - - - - - - - - - - -

rain

la lluvia

_____

- - - - - - - - - - - - - - - -

snow

la nieve

_____

- - - - - - - - - - - - - - - -

wind

el viento

_____

- - - - - - - - - - - - - - - -

El tiempo

Nombre _____

Identifica el tiempo. Escribe las palabras en español.
(Identify the weather in each picture. Write the words in Spanish.)

_____

- - - - - - - - - - - - - - - - -

_____

_____

- - - - - - - - - - - - - - - - -

_____

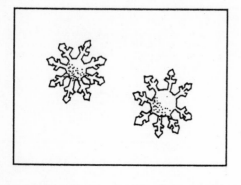

_____

- - - - - - - - - - - - - - - - -

_____

_____

- - - - - - - - - - - - - - - - -

_____

_____   _____

- - - - - - - - - - - - - - - -   - - - - - - - - - - - - - - - -

_____   _____

Las estaciones del año
Seasons

Nombre _____

Escribe las estaciones.

el invierno

- - - - - - - - - - - - - - - - - - -

la primavera

- - - - - - - - - - - - - - - - - - -

el verano

- - - - - - - - - - - - - - - - - - -

el otoño

- - - - - - - - - - - - - - - - - - -

En el campo
In the Country

Escribe en español.

la granja

_____

- - - - - - - - - - - - - - - - - - - -

_____

el agricultor

_____

- - - - - - - - - - - - - - - - - - - -

_____

el granero

_____

- - - - - - - - - - - - - - - - - - - -

_____

el tractor

_____

- - - - - - - - - - - - - - - - - - - -

_____

el heno

_____

- - - - - - - - - - - - - - - - - - - -

_____

el gallo

_____

- - - - - - - - - - - - - - - - - - - -

_____

En el campo

Nombre _____

Escribe en español.

los pollitos

_____

- - - - - - - - - - - - - - -

_____

el pato

_____

- - - - - - - - - - - - - - -

_____

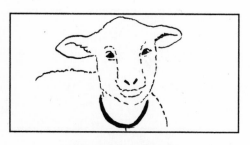

el cordero

_____

- - - - - - - - - - - - - - -

_____

el perro

_____

- - - - - - - - - - - - - - -

_____

el gato

_____

- - - - - - - - - - - - - - -

_____

el pájaro

_____

- - - - - - - - - - - - - - -

_____

En el campo

Escribe en español.

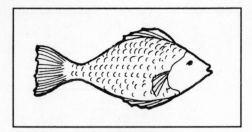

el pez

_____

— — — — — — — — — — —

_____

el conejo

_____

— — — — — — — — — — —

_____

el caballo

_____

— — — — — — — — — — —

_____

la cabra

_____

— — — — — — — — — — —

_____

la oveja

_____

— — — — — — — — — — —

_____

la vaca

_____

— — — — — — — — — — —

_____

En el campo

Nombre _____

Escribe en español.

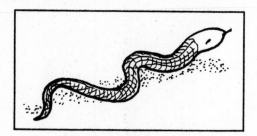

la serpiente

_ _ _ _ _ _ _ _ _ _ _ _ _ _ _ _ _ _

_____

el cerdo

_ _ _ _ _ _ _ _ _ _ _ _ _ _ _ _ _ _

_____

la gallina

_ _ _ _ _ _ _ _ _ _ _ _ _ _ _ _ _ _

_____

la tortuga

_ _ _ _ _ _ _ _ _ _ _ _ _ _ _ _ _ _

_____

la rana

_ _ _ _ _ _ _ _ _ _ _ _ _ _ _ _ _ _

_____

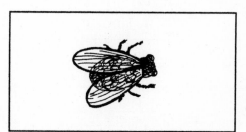

la mosca

_ _ _ _ _ _ _ _ _ _ _ _ _ _ _ _ _ _

_____

En el campo

Escribe en español los nombres de cada animal. (Write each animal's name in Spanish.)

1. _____   8. _____

2. _____   9. _____

3. _____   10. _____

4. _____   11. _____

5. _____   12. _____

6. _____   13. _____

7. _____   14. _____

En el campo

Dibuja cada animal u objeto. (Draw each animal or object.)

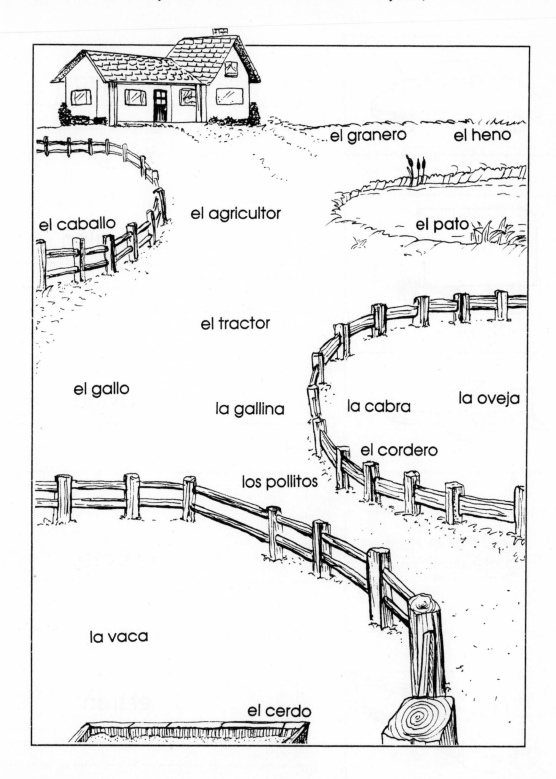

el granero   el heno

el agricultor

el caballo

el pato

el tractor

el gallo

la gallina   la cabra   la oveja

el cordero

los pollitos

la vaca

el cerdo

El transporte
Transportation

Escribe en español.

el carro

_____

- - - - - - - - - - - - - - - - - -

el camión

_____

- - - - - - - - - - - - - - - - - -

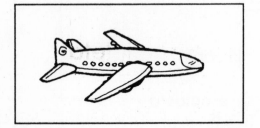

el avión

_____

- - - - - - - - - - - - - - - - - -

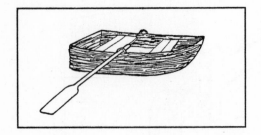

el bote

_____

- - - - - - - - - - - - - - - - - -

el tren

_____

- - - - - - - - - - - - - - - - - -

El transporte

Nombre _____

Escribe en español.

el autobús

_____
- - - - - - - - - - - - - - -
_____

la bicicleta

_____
- - - - - - - - - - - - - - -
_____

la motocicleta

_____
- - - - - - - - - - - - - - -
_____

el taxi

_____
- - - - - - - - - - - - - - -
_____

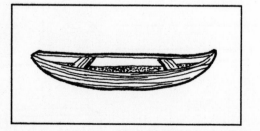

la canoa

_____
- - - - - - - - - - - - - - -
_____

El transporte

Nombre _____

Contesta en español. (Answer in Spanish.)

1. Children ride to school on me.

   _____

   What am I? _____

2. Indians once used me.

   _____

   What am I? _____

3. Travel time "flies" on me.

   _____

   What am I? _____

4. My English name rhymes with "float" which is what I do.

   _____

   What am I? _____

5. I have a caboose.

   _____

   What am I? _____

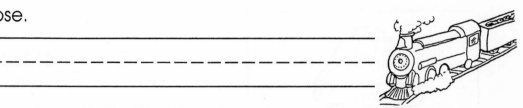

6. Children learn to ride me when they are about five.

   _____

   What am I? _____

7. People use me to carry very big loads.

   _____

   What am I? _____

El transporte

Nombre _____

Escribe en español.

_____

- - - - - - - - - - - - - - - - -

_____

- - - - - - - - - - - - - - - - -

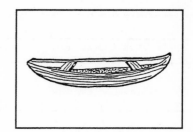

_____

- - - - - - - - - - - - - - - - -

_____

- - - - - - - - - - - - - - - - -

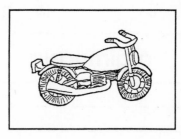

_____

- - - - - - - - - - - - - - - - -

_____

- - - - - - - - - - - - - - - - -

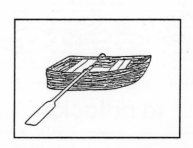

_____

- - - - - - - - - - - - - - - - -

_____

Los deportes
Sports

Nombre _____

Escribe en español.

el esquí

_____

- - - - - - - - - - - - - - - -

_____

el patinaje

_____

- - - - - - - - - - - - - - - -

_____

la gimnasia

_____

- - - - - - - - - - - - - - - -

_____

la equitación

_____

- - - - - - - - - - - - - - - -

_____

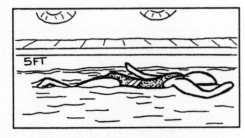

la natación

_____

- - - - - - - - - - - - - - - -

_____

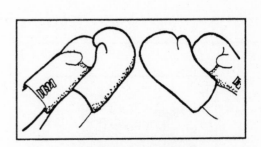

la lucha libre

_____

- - - - - - - - - - - - - - - -

_____

Los deportes

Escribe en español.

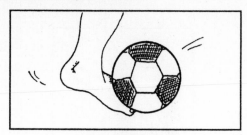

el fútbol

- - - - - - - - - - - - - - - - - - -

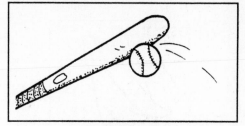

el béisbol

- - - - - - - - - - - - - - - - - - -

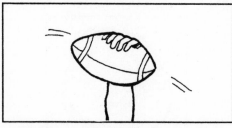

el fútbol americano

- - - - - - - - - - - - - - - - - - -

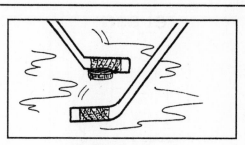

el hockey

- - - - - - - - - - - - - - - - - - -

el baloncesto

- - - - - - - - - - - - - - - - - - -

el tenis

- - - - - - - - - - - - - - - - - - -

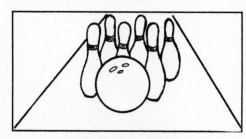

el boliche

- - - - - - - - - - - - - - - - - - -

el golf

- - - - - - - - - - - - - - - - - - -

Los deportes

Identifica los deportes en español.
(Identify each sport in Spanish.)

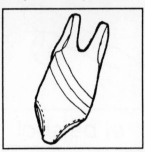

_____

- - - - - - - - - - - - - -

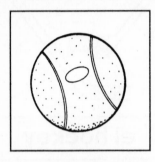

_____

- - - - - - - - - - - - - -

_____

- - - - - - - - - - - - - -

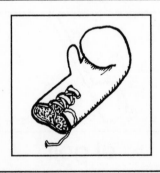

_____

- - - - - - - - - - - - - -

Las profesiones
Professions

Nombre _____

Escribe en español.

el chofer

_____
- - - - - - - - - - - - - -
_____

el bombero

_____
- - - - - - - - - - - - - -
_____

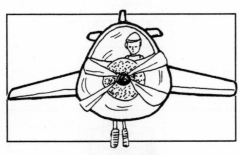

el piloto

_____
- - - - - - - - - - - - - -
_____

el médico

_____
- - - - - - - - - - - - - -
_____

la enfermera

_____
- - - - - - - - - - - - - -
_____

el dentista

_____
- - - - - - - - - - - - - -
_____

Las profesiones

Escribe en español.

la cantante

_____

- - - - - - - - - - - - - - -

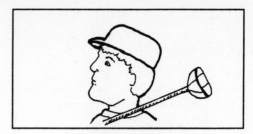

el plomero

_____

- - - - - - - - - - - - - - -

el abogado

_____

- - - - - - - - - - - - - - -

el cartero

_____

- - - - - - - - - - - - - - -

el carpintero

_____

- - - - - - - - - - - - - - -

el policía

_____

- - - - - - - - - - - - - - -

el mecánico

_____

- - - - - - - - - - - - - - -

la artista

_____

- - - - - - - - - - - - - - -

Las profesiones

Nombre _____

Write in Spanish who does the following jobs.

_____

1. repairs cars

2. puts out fires

3. delivers mail

4. paints

5. directs traffic

6. repairs leaky pipes

7. flies airplanes

8. sings

9. checks your teeth

10. drives a truck

11. builds houses

12. helps with legal problems

13. heals the sick

El cuerpo
The Body

Escribe en español.

la cabeza

_____

- - - - - - - - - - - - - - -

_____

el pelo

_____

- - - - - - - - - - - - - - -

_____

los ojos

_____

- - - - - - - - - - - - - - -

_____

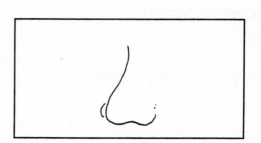

la nariz

_____

- - - - - - - - - - - - - - -

_____

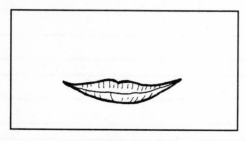

la boca

_____

- - - - - - - - - - - - - - -

_____

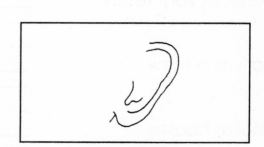

la oreja

_____

- - - - - - - - - - - - - - -

_____

El cuerpo

Escribe en español.

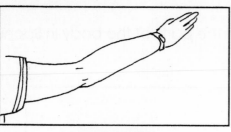

el brazo

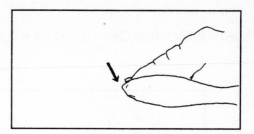

el codo

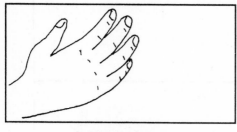

la mano

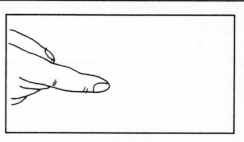

el dedo

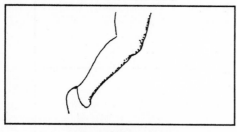

la pierna

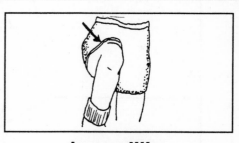

la rodilla

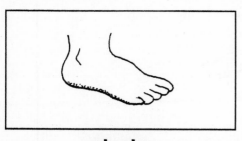

el pie

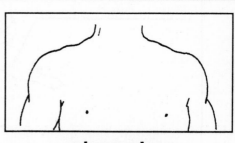

el pecho

El cuerpo

Escribe las partes del cuerpo en español. (Label the parts of the body in Spanish.)

La salud
Health

Escribe en español.

la medicina

_____

- - - - - - - - - - - - -

_____

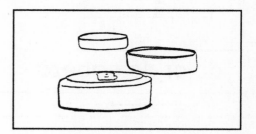

las píldoras

_____

- - - - - - - - - - - - -

_____

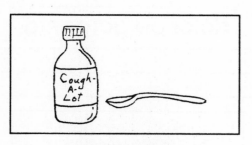

el jarabe

_____

- - - - - - - - - - - - -

_____

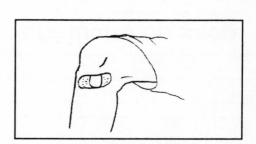

la vendita

_____

- - - - - - - - - - - - -

_____

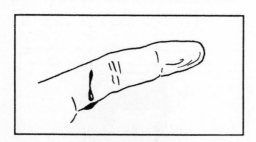

la herida

_____

- - - - - - - - - - - - -

_____

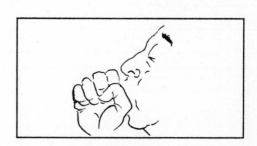

la tos

_____

- - - - - - - - - - - - -

_____

La salud

Escribe en español.

dolor de cabeza

_ _ _ _ _ _ _ _ _ _ _ _ _ _ _

dolor de muelas

_ _ _ _ _ _ _ _ _ _ _ _ _ _ _

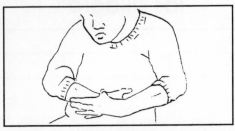

dolor de estómago

_ _ _ _ _ _ _ _ _ _ _ _ _ _ _

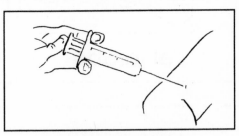

dolor de garganta

_ _ _ _ _ _ _ _ _ _ _ _ _ _ _

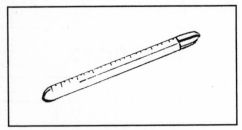

el termómetro

_ _ _ _ _ _ _ _ _ _ _ _ _ _ _

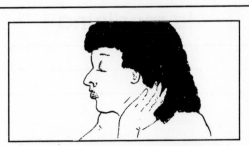

la inyección

_ _ _ _ _ _ _ _ _ _ _ _ _ _ _

el médico

_ _ _ _ _ _ _ _ _ _ _ _ _ _ _

la enfermera

_ _ _ _ _ _ _ _ _ _ _ _ _ _ _

La salud

¿Qué tienen ellos? (What ails them?)

Draw lines matching each ailment to the proper treatment.

1. _____

el jarabe

2. _____

la vendita

3. _____

las píldoras

4. _____

la medicina

5. _____

el termómetro

La comunicación
Communication

Nombre _____

Escribe en español.

la carta

_____

- - - - - - - - - - - - - - -

_____

el periódico

_____

- - - - - - - - - - - - - - -

_____

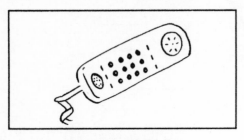

el teléfono

_____

- - - - - - - - - - - - - - -

_____

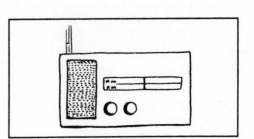

la radio

_____

- - - - - - - - - - - - - - -

_____

la televisión

_____

- - - - - - - - - - - - - - -

_____

el disco

_____

- - - - - - - - - - - - - - -

_____

La comunicación

Escribe en español.

la revista

_ _ _ _ _ _ _ _ _ _ _ _ _ _ _ _

_____

el telegrama

_ _ _ _ _ _ _ _ _ _ _ _ _ _ _ _

_____

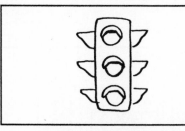

el cartel

_ _ _ _ _ _ _ _ _ _ _ _ _ _ _ _

_____

la cartelera

_ _ _ _ _ _ _ _ _ _ _ _ _ _ _ _

_____

el semáforo

_ _ _ _ _ _ _ _ _ _ _ _ _ _ _ _

_____

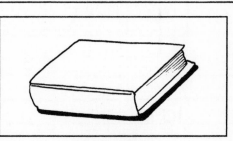

la boca

_ _ _ _ _ _ _ _ _ _ _ _ _ _ _ _

_____

los gestos

_ _ _ _ _ _ _ _ _ _ _ _ _ _ _ _

_____

el libro

_ _ _ _ _ _ _ _ _ _ _ _ _ _ _ _

_____

La comunicación

Escribe en español. (Write in Spanish.)

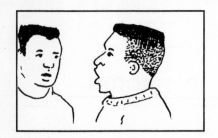

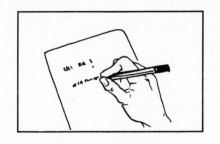

---- ---- ----

---- ---- ----

---- ---- ----

---- ---- ----

1. _____

---- ---- ----

2. _____

---- ---- ----

3. _____

---- ---- ----

4. _____

---- ---- ----

5. _____

---- ---- ----

6. _____

---- ---- ----

Las herramientas y los materiales
Tools and Materials

Nombre _____

Escribe en español.

el martillo

_____

- - - - - - - - - - - - - - - - -

_____

los clavos

_____

- - - - - - - - - - - - - - - - -

_____

el destornillador

_____

- - - - - - - - - - - - - - - - -

_____

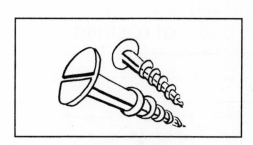

los tornillos

_____

- - - - - - - - - - - - - - - - -

_____

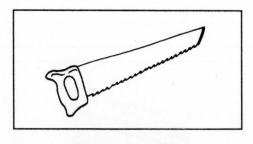

el serrucho

_____

- - - - - - - - - - - - - - - - -

_____

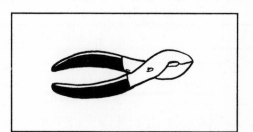

los alicates

_____

- - - - - - - - - - - - - - - - -

_____

Las herramientas y los materiales

Escribe en español.　　　　　　　　　Nombre _____

la llave

_____

- - - - - - - - - - - - - - - -

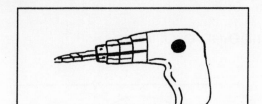

el taladro

_____

- - - - - - - - - - - - - - - -

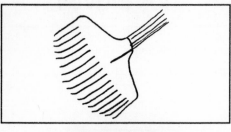

el rastrillo

_____

- - - - - - - - - - - - - - - -

la pala

_____

- - - - - - - - - - - - - - - -

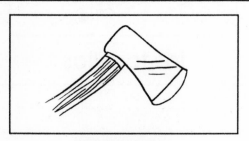

el hacha

_____

- - - - - - - - - - - - - - - -

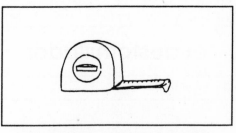

la cinta de medir

_____

- - - - - - - - - - - - - - - -

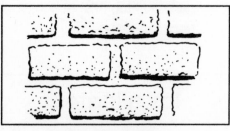

el ladrillo

_____

- - - - - - - - - - - - - - - -

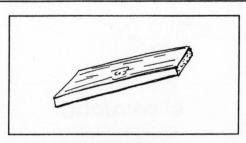

la madera

_____

- - - - - - - - - - - - - - - -

Las herramientas y los materiales

Nombre _____

Aparea y escribe la letra que corresponde.

A. wrench

B. screwdriver

_____ el ladrillo

C. nails

_____ los alicates

D. rake

_____ el rastrillo

_____ los clavos

E. hammer

_____ el hacha

F. shovel

_____ el destornillador

G. brick

_____ el serrucho

_____ la madera

H. screws

_____ los tornillos

I. drill

_____ la llave

J. wood

_____ la pala

_____ el taladro

K. ax

_____ el martillo

L. pliers

M. saw

La naturaleza
Nature

Nombre _____

Escribe en español.

el árbol

_____

- - - - - - - - - - - - - - - - - -

_____

las hojas

_____

- - - - - - - - - - - - - - - - - -

_____

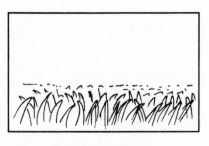

la hierba

_____

- - - - - - - - - - - - - - - - - -

_____

el bosque

_____

- - - - - - - - - - - - - - - - - -

_____

la flor

_____

- - - - - - - - - - - - - - - - - -

_____

el río

_____

- - - - - - - - - - - - - - - - - -

_____

La naturaleza

Escribe en español.

el lago

- - - - - - - - - - - - - - - - -
_____

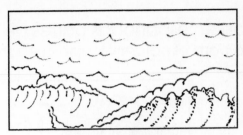

el océano

- - - - - - - - - - - - - - - - -
_____

la playa

- - - - - - - - - - - - - - - - -
_____

el cielo

- - - - - - - - - - - - - - - - -
_____

las montañas

- - - - - - - - - - - - - - - - -
_____

el desierto

- - - - - - - - - - - - - - - - -
_____

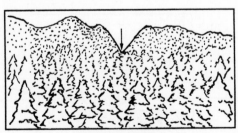

el valle

- - - - - - - - - - - - - - - - -
_____

el arbusto

- - - - - - - - - - - - - - - - -
_____

La naturaleza

Escribe en español las partes de la naturaleza que ves. (Write the Spanish words for the parts of nature you see in each picture below.)

_____
- -
_____
- -
_____

_____
- -
_____
- -

- -
_____
- -
_____
_____

En la ciudad
In the City

Nombre _____

Escribe en español.

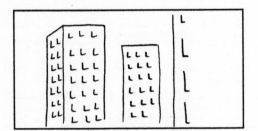

los edificios

_____

- - - - - - - - - - - - - - -

_____

el rascacielos

_____

- - - - - - - - - - - - - - -

_____

el restaurante

_____

- - - - - - - - - - - - - - -

_____

el hotel

_____

- - - - - - - - - - - - - - -

_____

la escuela

_____

- - - - - - - - - - - - - - -

_____

la iglesia

_____

- - - - - - - - - - - - - - -

_____

En la ciudad

Escribe en español.

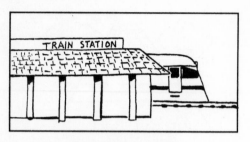

la estación

_____

_ _ _ _ _ _ _ _ _ _ _ _ _ _

_____

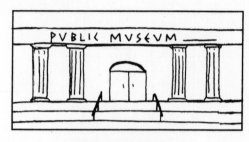

el museo

_____

_ _ _ _ _ _ _ _ _ _ _ _ _ _

_____

la estación de policía

_____

_ _ _ _ _ _ _ _ _ _ _ _ _ _

_____

la estación de bomberos

_____

_ _ _ _ _ _ _ _ _ _ _ _ _ _

_____

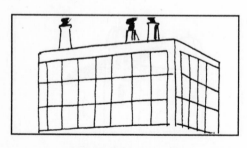

la fábrica

_____

_ _ _ _ _ _ _ _ _ _ _ _ _ _

_____

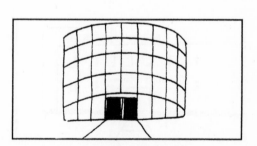

las oficinas

_____

_ _ _ _ _ _ _ _ _ _ _ _ _ _

_____

En la ciudad

Escribe en español.

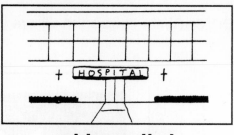

el hospital

- - - - - - - - - - - - - - - -

el almacén

- - - - - - - - - - - - - - - -

el supermercado

- - - - - - - - - - - - - - - -

la panadería

- - - - - - - - - - - - - - - -

la farmacia

- - - - - - - - - - - - - - - -

la juguetería

- - - - - - - - - - - - - - - -

el cine

- - - - - - - - - - - - - - - -

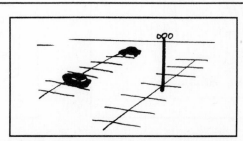

el estacionamiento

- - - - - - - - - - - - - - - -

En la ciudad

Nombre _____

Escribe en español donde encontrarías lo siguiente. (Write in Spanish where you would find each of these things.)

_____

_____

_____

_____

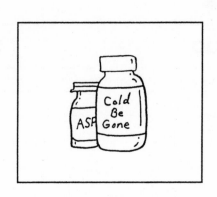

_____

_____

_____

_____

_____

En la ciudad

Nombre _____

Escribe en español los edificios enumerados. (Write the names of the numbered buildings in Spanish.)

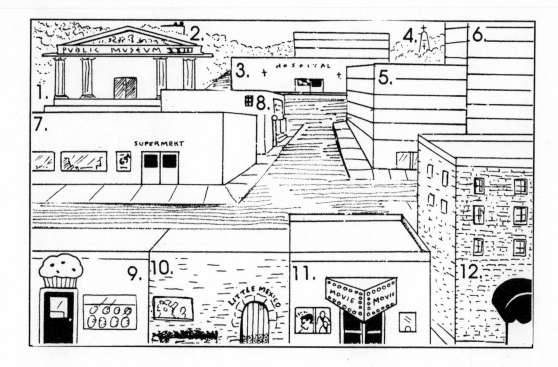

1. _____

2. _____

3. _____

4. _____

5. _____

6. _____

7. _____

8. _____

9. _____

10. _____

11. _____

12. _____

En el banco
At the Bank

Nombre _____

Escribe en español.

la cajera

_____
- - - - - - - - - - - - - -
_____

el billete

_____
- - - - - - - - - - - - - -
_____

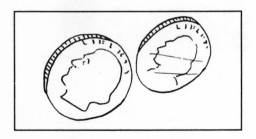

las monedas

_____
- - - - - - - - - - - - - -
_____

el cheque

_____
- - - - - - - - - - - - - -
_____

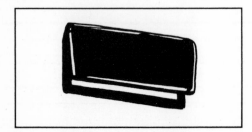

el talonario

_____
- - - - - - - - - - - - - -
_____

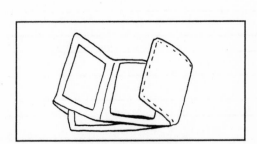

la billetera

_____
- - - - - - - - - - - - - -
_____

En el banco

Escribe en español.

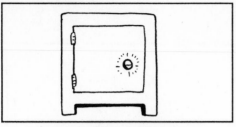

la caja fuerte

_____

- - - - - - - - - - - - - - - -

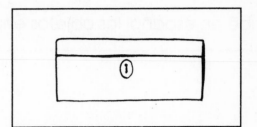

la caja de seguridad

_____

- - - - - - - - - - - - - - - -

el guardia de seguridad

_____

- - - - - - - - - - - - - - - -

la alcancía

_____

- - - - - - - - - - - - - - - -

la tarjeta de crédito

_____

- - - - - - - - - - - - - - - -

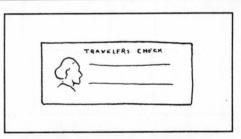

el cheque viajero

_____

- - - - - - - - - - - - - - - -

la cerradura

_____

- - - - - - - - - - - - - - - -

la llave

_____

- - - - - - - - - - - - - - - -

En el banco

Escribe en español los objetos enumerados.

1. _____

2. _____

3. _____

4. _____

5. _____

6. _____

7. _____

8. _____

9. _____

10. _____

En la mesa
At the Table

Escribe en español.

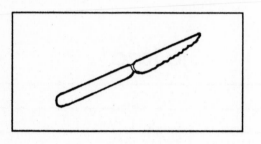

el cuchillo

_____
- - - - - - - - - - - - - - -

el tenedor

_____
- - - - - - - - - - - - - - -

la cuchara

_____
- - - - - - - - - - - - - - -

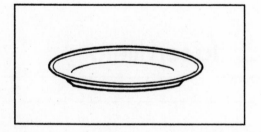

el plato

_____
- - - - - - - - - - - - - - -

el vaso

_____
- - - - - - - - - - - - - - -

En la mesa

Nombre_____

Escribe en español.

la taza

_____

- - - - - - - - - - - - - - - -

el platillo

_____

- - - - - - - - - - - - - - - -

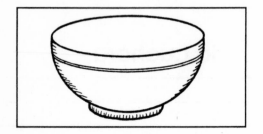

la escudilla

_____

- - - - - - - - - - - - - - - -

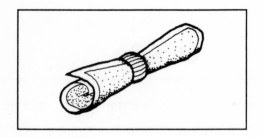

la servilleta

_____

- - - - - - - - - - - - - - - -

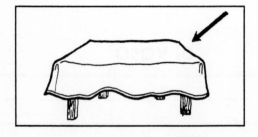

el mantel

_____

- - - - - - - - - - - - - - - -

En la mesa

Escribe en español.

1. I cut my meat with
_____
- - - - - - - - - - - -

2. I drink milk out of
_____
- - - - - - - - - - - -

3. My parents drink coffee out of
_____
- - - - - - - - - - - -

on
_____
- - - - - - - - - - - -

4. I wipe my hands on
_____
- - - - - - - - - - - -

5. I eat vegetables with
_____
- - - - - - - - - - - -

6. I eat ice cream with
_____
- - - - - - - - - - - -

when it's served in
_____
- - - - - - - - - - - -

Write the Spanish word which corresponds to the numbers in the picture.

_____
- - - - - - - - - - - -

1. _____

2. _____

3. _____

4. _____

5. _____

6. _____

7. _____

8. _____

9. _____

10. _____

En la escuela
At School

Escribe en español.

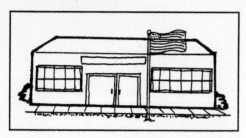

la escuela

_____

- - - - - - - - - - - - - - - -

la maestra

_____

- - - - - - - - - - - - - - - -

los alumnos

_____

- - - - - - - - - - - - - - - -

el libro

_____

- - - - - - - - - - - - - - - -

el pupitre

_____

- - - - - - - - - - - - - - - -

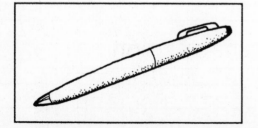

el bolígrafo

_____

- - - - - - - - - - - - - - - -

En la escuela

Escribe en español.

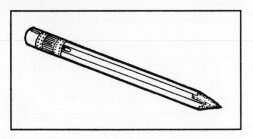

el lápiz

_____
- -
_____

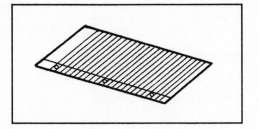

el papel

_____
- -
_____

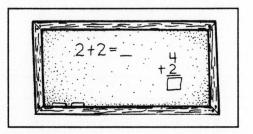

el pizarrón

_____
- -
_____

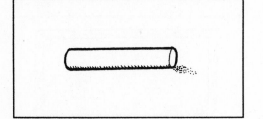

la tiza

_____
- -
_____

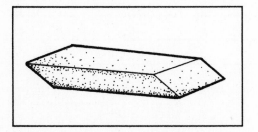

el borrador

_____
- -
_____

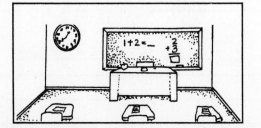

el salón

_____
- -
_____

En la escuela

Escribe en español.

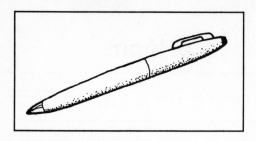

_____

- - - - - - - - - - - - - - - - - -

_____

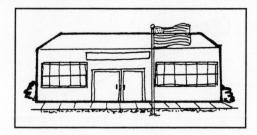

_____

- - - - - - - - - - - - - - - - - -

_____

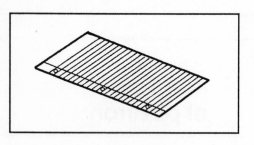

_____

- - - - - - - - - - - - - - - - - -

_____

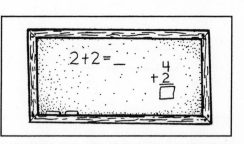

_____

- - - - - - - - - - - - - - - - - -

_____

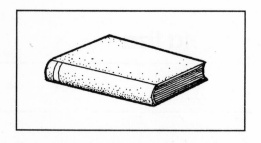

_____

- - - - - - - - - - - - - - - - - -

_____

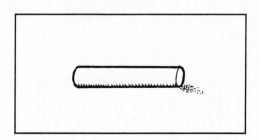

_____

- - - - - - - - - - - - - - - - - -

_____

_____

- - - - - - - - - - - - - - - - - -

_____

_____

- - - - - - - - - - - - - - - - - -

_____

En la escuela

Escribe en español.

El salón

En el zoológico
At the Zoo

Nombre _____

Escribe en español.

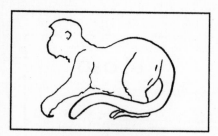

el mono

_____

- - - - - - - - - - - - - - -

_____

el león

_____

- - - - - - - - - - - - - - -

_____

el tigre

_____

- - - - - - - - - - - - - - -

_____

el elefante

_____

- - - - - - - - - - - - - - -

_____

la cebra

_____

- - - - - - - - - - - - - - -

_____

el gorila

_____

- - - - - - - - - - - - - - -

_____

IF8790 Spanish

En el zoológico

Escribe en español.

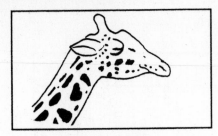

la jirafa

el oso

el canguro

la llama

el camello

la foca

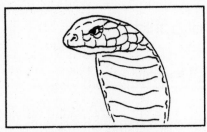

la culebra

el hipopótamo

IF8790 Spanish

En el zoológico

Nombre _____

Match the animals with their number in the picture.

_____ el canguro   _____ el camello

_____ la cebra   _____ la llama

_____ el tigre   _____ la culebra

_____ la foca   _____ el gorila

_____ la jirafa   _____ el león

_____ el mono   _____ el elefante

_____ el oso   _____ el hipopótamo

En el circo
At the Circus

el payaso

_____

- - - - - - - - - - - - - - - -

_____

la acróbata

_____

- - - - - - - - - - - - - - - -

_____

el malabarista

_____

- - - - - - - - - - - - - - - -

_____

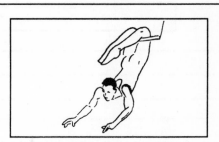

el trapecista

_____

- - - - - - - - - - - - - - - -

_____

el domador

_____

- - - - - - - - - - - - - - - -

_____

el jinete

_____

- - - - - - - - - - - - - - - -

_____

la taquilla

_____

- - - - - - - - - - - - - - - -

_____

la orquesta

_____

- - - - - - - - - - - - - - - -

_____

En el circo

¿Qué ve el chico? (What does he see?) Escribe en español.

_____
_____
_____
_____

_____
_____
_____
_____

¿Adónde vas?
Where are you going?

Nombre _____

Escribe en español.

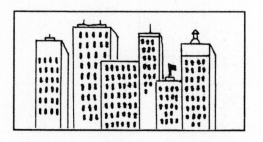

a la ciudad

_____

- - - - - - - - - - - - - - - - -

_____

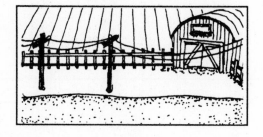

al campo

_____

- - - - - - - - - - - - - - - - -

_____

al supermercado

_____

- - - - - - - - - - - - - - - - -

_____

a la oficina

_____

- - - - - - - - - - - - - - - - -

_____

a la playa

_____

- - - - - - - - - - - - - - - - -

_____

¿Adónde vas?

¿Adónde vas?

Escribe en español.

al restaurante

_____
- - - - - - - - - - - - - - -
_____

al correo

_____
- - - - - - - - - - - - - - -
_____

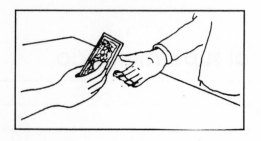

al banco

_____
- - - - - - - - - - - - - - -
_____

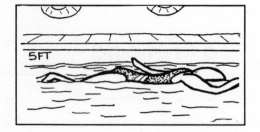

a la piscina

_____
- - - - - - - - - - - - - - -
_____

al aeropuerto

_____
- - - - - - - - - - - - - - -
_____

¿Adónde vas?

Write in Spanish where you would go in each situation.

1. You want to buy food.

_____

- - - - - - - - - - - - - - - - - -

_____

2. You want to eat.

_____

- - - - - - - - - - - - - - - - - -

_____

3. You need money.

_____

- - - - - - - - - - - - - - - - - -

_____

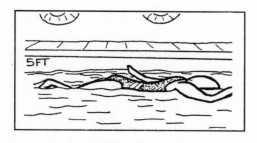

4. You want to swim.

_____

- - - - - - - - - - - - - - - - - -

_____

5. You want to travel.

_____

- - - - - - - - - - - - - - - - - -

_____

¿Adónde vas?

Write in Spanish where you would go to find the following things.

_____

- -

_____

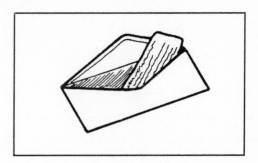

_____

- -

_____

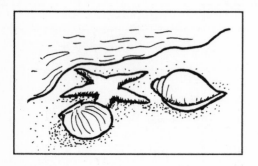

_____

- -

_____

_____

- -

_____

_____

- -

_____

_____

- -

_____

Las actividades
Activities

Nombre _____

Escribe en español.

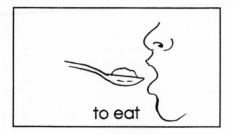

comer

- - - - - - - - - - - - - - - - - - -

_____

beber

- - - - - - - - - - - - - - - - - - -

_____

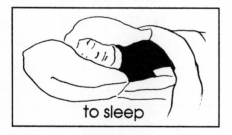

dormir

- - - - - - - - - - - - - - - - - - -

_____

correr

- - - - - - - - - - - - - - - - - - -

_____

caminar

- - - - - - - - - - - - - - - - - - -

_____

bailar

- - - - - - - - - - - - - - - - - - -

_____

Las actividades

Escribe en español.

Nombre _____

to read

leer

- - - - - - - - - - - - - - - - -

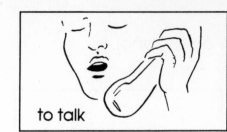
to talk

hablar

- - - - - - - - - - - - - - - - -

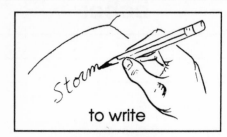
to write

escribir

- - - - - - - - - - - - - - - - -

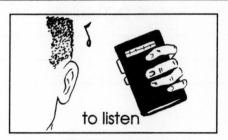
to listen

escuchar

- - - - - - - - - - - - - - - - -

to laugh

reír

- - - - - - - - - - - - - - - - -

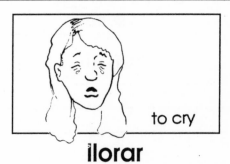
to cry

llorar

- - - - - - - - - - - - - - - - -

to buy

comprar

- - - - - - - - - - - - - - - - -

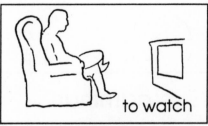
to watch

mirar

- - - - - - - - - - - - - - - - -

Las actividades

¿Qué hacen? (What are they doing?)

Escribe las actividades en español.

La Plaza

Many cities and towns in Spanish-speaking countries are built around a plaza, or central square. There is usually a church, city hall, cafés, and stores surrounding the plaza. People come here to take walks and meet their friends. Sometimes there are groups who play music in the evenings.

Answer Key
Elementary Spanish

El abecedario
Alphabet

Nombre _____

Escribe el afabeto español.

abeja	Aa *Aa*	helado	Hh *Hh*
bote	Bb *Bb*	iglesia	Ii *Ii*
casa	Cc *Cc*	jaula	Jj *Jj*
dedo	Dd *Dd*	kilo	Kk *Kk*
elefante	Ee *Ee*	lápiz	Ll *Ll*
flor	Ff *Ff*	mono	Mm *Mm*
gato	Gg *Gg*	nariz	Nn *Nn*

Page 1

El abecedario

Nombre _____

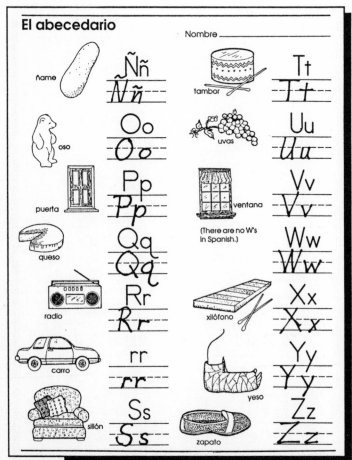

ñame	Ññ *Ññ*	tambor	Tt *Tt*
oso	Oo *Oo*	uvas	Uu *Uu*
puerta	Pp *Pp*	ventana	Vv *Vv*
queso	Qq *Qq*	(There are no W's in Spanish.)	Ww *Ww*
radio	Rr *Rr*	xilófono	Xx *Xx*
carro	rr *rr*	yeso	Yy *Yy*
sillón	Ss *Ss*	zapato	Zz *Zz*

Page 2

Los números
Numbers

Nombre _____

Escriba en español. (Write in Spanish.)

0 cero ☆	1 uno ☆	2 dos ☆☆
0 cero	*1 uno*	*2 dos*
3 tres ☆☆☆	4 cuatro ☆☆☆☆	5 cinco ☆☆☆☆☆
3 tres	*4 cuatro*	*5 cinco*
6 seis	7 siete	8 ocho
6 seis	*7 siete*	*8 ocho*
9 nueve	10 diez	11 once ☆
9 nueve	*10 diez*	*11 once*
12 doce ☆☆	13 trece ☆☆	14 catorce ☆☆
12 doce	*13 trece*	*14 catorce*
15 quince	16 dieciséis	17 diecisiete
15 quince	*16 dieciséis*	*17 diecisiete*
18 dieciocho	19 diecinueve	20 veinte
18 dieciocho	*19 diecinueve*	*20 veinte*

Page 3

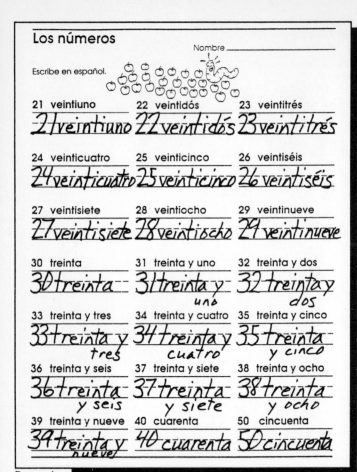

Los números

Nombre _____

Escribe en español.

21 veintiuno	22 veintidós	23 veintitrés
21 veintiuno	*22 veintidós*	*23 veintitrés*
24 veinticuatro	25 veinticinco	26 veintiséis
24 veinticuatro	*25 veinticinco*	*26 veintiséis*
27 veintisiete	28 veintiocho	29 veintinueve
27 veintisiete	*28 veintiocho*	*29 veintinueve*
30 treinta	31 treinta y uno	32 treinta y dos
30 treinta	*31 treinta y uno*	*32 treinta y dos*
33 treinta y tres	34 treinta y cuatro	35 treinta y cinco
33 treinta y tres	*34 treinta y cuatro*	*35 treinta y cinco*
36 treinta y seis	37 treinta y siete	38 treinta y ocho
36 treinta y seis	*37 treinta y siete*	*38 treinta y ocho*
39 treinta y nueve	40 cuarenta	50 cincuenta
39 treinta y nueve	*40 cuarenta*	*50 cincuenta*

Page 4

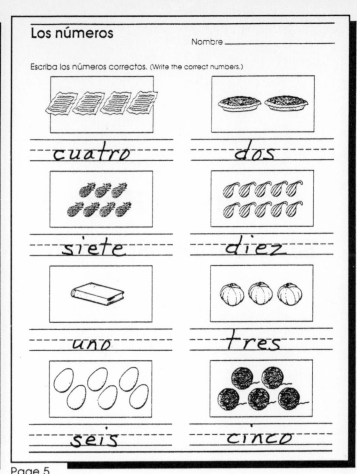

Los números

Nombre _____

Escriba los números correctos. (Write the correct numbers.)

cuatro — *dos*

siete — *diez*

uno — *tres*

seis — *cinco*

Page 5

Los números

Nombre _____

Escriba los números. (Write the numbers.)

Example: trece _13_

veintitrés	23	cuarenta	40
doce	12	treinta y ocho	38
treinta y seis	36	quince	15
dieciséis	16	siete	7
diecinueve	19	cuatro	4
veinticuatro	24	catorce	14

6 +4	22 +10	15 +25
diez	*treinta y dos*	*cuarenta*

= *treinta y cuatro*

= *veintidós*

= *dieciocho*

Page 6

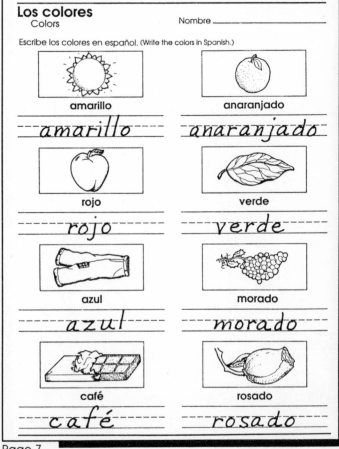

Los colores
Colors

Nombre _____

Escribe los colores en español. (Write the colors in Spanish.)

amarillo	anaranjado
amarillo	*anaranjado*
rojo	verde
rojo	*verde*
azul	morado
azul	*morado*
café	rosado
café	*rosado*

Page 7

Los colores

Nombre _____

Escribe los colores en español. (Write the colors in Spanish.)

negro

negro

gris

gris

blanco

blanco

dorado

dorado

1. The sky is
   azul
2. Snow is
   blanca
3. The sun is
   amarillo
4. My house is
   answers will vary
5. Dirt is
   café
6. In the summer leaves are
   verdes

7. Grape juice is
   morado
8. An orange is
   anaranjada
9. Roses are
   rojas
   and violets are
   moradas
10. My shirt is
    answers will vary
11. Some jewelry is
    dorada

El calendario
The Calendar

Nombre _____

Escribe en español.

el calendario

el calendario

el mes

el mes

la semana

la semana

el día

el día

el año

el año

Escribe las palabras que corresponden en español. (Write the correct words in Spanish.)

12 meses = **el año**

4 semanas = **el mes**

7 días = **la semana**

24 horas = **el día**

Los días de la semana
The Days of the Week

Nombre _____

Escriba en español.

Escriba el día siguiente.
(Write the following day.)

lunes (Monday)
lunes

martes
miércoles

martes (Tuesday)
martes

viernes
sábado

miércoles (Wednesday)
miércoles

lunes
martes

jueves (Thursday)
jueves

jueves
viernes

viernes (Friday)
viernes

miércoles
jueves

sábado (Saturday)
sábado

domingo
lunes

domingo (Sunday)
domingo

sábado
domingo

Los meses
The Months

Nombre _____

Escribe en español.

Nota: Months are **not** capitalized in Spanish.

enero (January)
enero

julio (July)
julio

febrero (February)
febrero

agosto (August)
agosto

marzo (March)
marzo

septiembre (September)
septiembre

abril (April)
abril

octubre (October)
octubre

mayo (May)
mayo

noviembre (November)
noviembre

junio (June)
junio

diciembre (December)
diciembre

 IF8790 Spanish

Los meses

Nombre _____

Escriba el mes siguiente. (Write the following month.)

diciembre	agosto
enero	*septiembre*
mayo	febrero
junio	*marzo*
septiembre	enero
octubre	*febrero*
abril	octubre
mayo	*noviembre*
junio	marzo
julio	*abril*
noviembre	julio
diciembre	*agosto*

Page 12

La casa
The House

Nombre _____

Escriba en español.

el dormitorio	la cocina
el dormitorio	*la cocina*
la ventana	la chimenea
la ventana	*la chimenea*
el jardín	el patio
el jardín	*el patio*

Page 13

La casa

Nombre _____

Escriba en español.

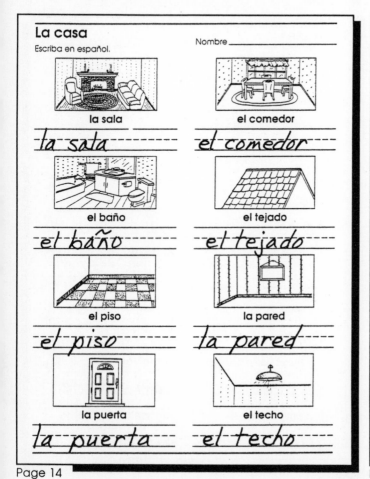

la sala	el comedor
la sala	*el comedor*
el baño	el tejado
el baño	*el tejado*
el piso	la pared
el piso	*la pared*
la puerta	el techo
la puerta	*el techo*

Page 14

La casa

Nombre _____

Dibuje las partes de la casa y escriba las palabras en español.
(Draw the parts of the house and label them in Spanish.)

door	bedroom	kitchen
puerta	*dormitorio*	*cocina*
roof	chimney	bathroom
tejado	*chimenea*	*baño*
floor	dining room	window
piso	*comedor*	*ventana*

Page 15

Cosas de la casa
Household Items

Nombre _____

Escriba en español.

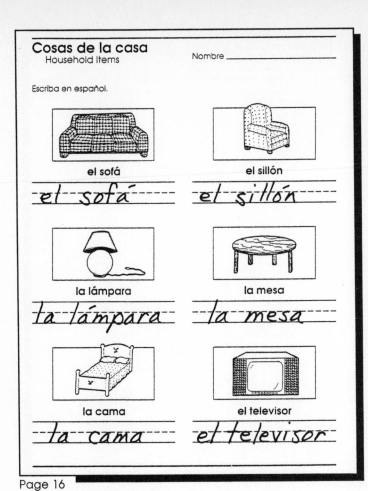

el sofá

el sofá

el sillón

el sillón

la lámpara

la lámpara

la mesa

la mesa

la cama

la cama

el televisor

el televisor

Cosas de la casa

Nombre _____

Escriba en español.

el refrigerador

el refrigerador

el horno

el horno

el fregadero

el fregadero

el estante

el estante

la alfombra

la alfombra

el teléfono

el teléfono

Cosas de la casa

Escriba en español.

Nombre _____

la cómoda

la cómoda

la escalera

la escalera

la lavadora

la lavadora

la secadora

la secadora

la escoba

la escoba

la aspiradora

la aspiradora

la tostadora

la tostadora

la licuadora

la licuadora

Cosas de la casa

Escriba en español.

Nombre _____

el ventilador

el ventilador

el lavaplatos

el lavaplatos

el horno a microondas

el horno a microondas

el trapeador

el trapeador

las cortinas

las cortinas

la sábana

la sábana

la almohada

la almohada

la cobija

la cobija

 IF8790 Spanish

Cosas de la casa

Nombre _____

Dibuje las objetos y escriba en español.
(Draw the objects listed and label them in Spanish.)

broom	blanket	mop
la escoba	*la cobija*	*el trapeador*

blender	vacuum cleaner	fan
la licuadora	*la aspiradora*	*el ventilador*

toaster	curtains	dryer
la tostadora	*las cortinas*	*la secadora*

Cosas de la casa

Nombre _____

Dibuja los objetos en la casa: (Draw the objects in the house:)

la lámpara	la chimenea
el teléfono	el sofá
el televisor	el fregadero
la mesa	el estante
el refrigerador	el sillón
el horno	la cama
la alfombra	la cómoda

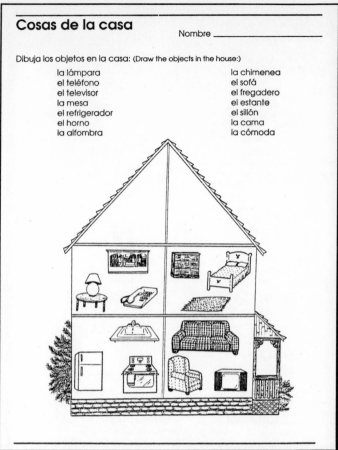

La familia
The Family

Nombre _____

Escriba en español.

father	el padre — *el padre*
mother	la madre — *la madre*
son	el hijo — *el hijo*
daughter	la hija — *la hija*
brother	el hermano — *el hermano*
sister	la hermana — *la hermana*

La familia

Nombre _____

Escriba en español.

grandfather	el abuelo — *el abuelo*
grandmother	la abuela — *la abuela*
uncle	el tío — *el tío*
aunt	la tía — *la tía*
cousin	el primo — *el primo*
cousin	la prima — *la prima*

IF8790 Spanish

La familia

Nombre _____

Escriba en español.

mother   *la madre*

father   *el padre*

grandmother   *la abuela*

grandfather   *el abuelo*

uncle   *el tío*

son   *el hijo*

brother   *el hermano*

cousin   *la (el) prima(o)*

daughter   *la hija*

aunt   *la tía*

sister   *la hermana*

Page 24

La familia

Nombre _____

Draw pictures of your family where indicated and label them in Spanish.

Answers will vary.

Page 25

La ropa
Clothing

Nombre _____

Escribe en español.

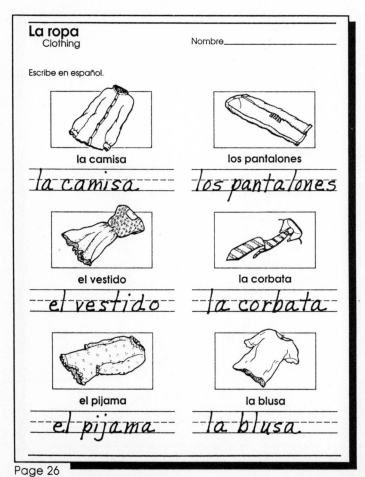

la camisa   *la camisa*

los pantalones   *los pantalones*

el vestido   *el vestido*

la corbata   *la corbata*

el pijama   *el pijama*

la blusa   *la blusa*

Page 26

La ropa

Nombre _____

Escriba en español.

la falda   *la falda*

el traje   *el traje*

el abrigo   *el abrigo*

el traje de baño   *el traje de baño*

la chaqueta   *la chaqueta*

el suéter   *el suéter*

los zapatos   *los zapatos*

las sandalias   *las sandalias*

Page 27

La ropa

Nombre _____

Dibuje y escriba la ropa que llevas....
(Draw and label the clothing you wear.....)

Answers will vary.

to the beach	to school

to bed	to a wedding

when it's cold	when it's hot

Los accesorios
Accessories

Nombre _____

Escriba en español.

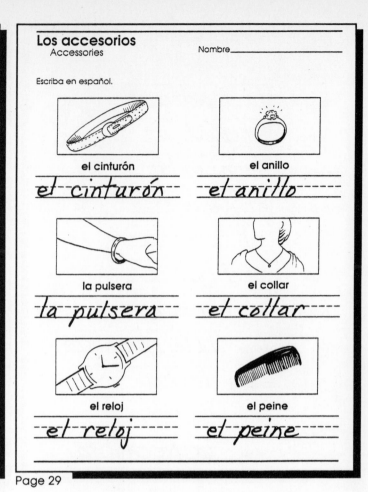

el cinturón — *el cinturón*

el anillo — *el anillo*

la pulsera — *la pulsera*

el collar — *el collar*

el reloj — *el reloj*

el peine — *el peine*

Los accesorios
Escriba en español.

el sombrero — *el sombrero*

la bufanda — *la bufanda*

los anteojos — *los anteojos*

las gafas de sol — *las gafas de sol*

la bolsa — *la bolsa*

la mochila — *la mochila*

el paraguas — *el paraguas*

las botas — *las botas*

Los accesorios

Nombre _____

Escriba en español. (Write in Spanish.)

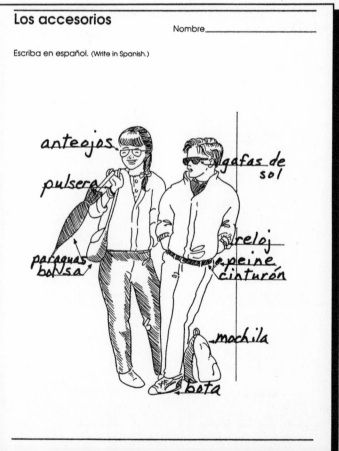

anteojos

pulsera

paraguas
bolsa

gafas de sol

reloj
peine
cinturón

mochila

bota

IF8790 Spanish

La comida
Food

Nombre _____

Escriba en español.

el pan

el pan

el queso

el queso

el pescado

el pescado

las frutas

las frutas

el café

el café

las legumbres

las legumbres

la carne

la carne

la torta

la torta

La comida
Escribe en español.

Nombre _____

la manzana

la manzana

los plátanos

los plátanos

las cerezas

las cerezas

las uvas

las uvas

la naranja

la naranja

la fresa

la fresa

el limón

el limón

la pera

la pera

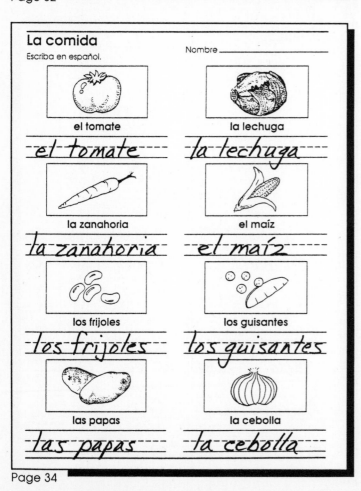

La comida
Escriba en español.

Nombre _____

el tomate

el tomate

la lechuga

la lechuga

la zanahoria

la zanahoria

el maíz

el maíz

los frijoles

los frijoles

los guisantes

los guisantes

las papas

las papas

la cebolla

la cebolla

La comida
Escriba en español.

Nombre _____

el pescado

los guisantes

las frutas

la carne

la naranja

el café

el queso

el pan

La comida

Nombre _____

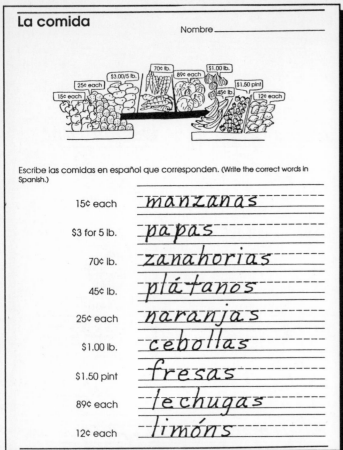

Escribe las comidas en español que corresponden. (Write the correct words in Spanish.)

15¢ each	*manzanas*
$3 for 5 lb.	*papas*
70¢ lb.	*zanahorias*
45¢ lb.	*plátanos*
25¢ each	*naranjas*
$1.00 lb.	*cebollas*
$1.50 pint	*fresas*
89¢ each	*lechugas*
12¢ each	*limóns*

Al supermercado
At the Supermarket

Nombre _____

Escriba en español.

el carrito	*el carrito*
la bolsa	*la bolsa*
el precio	*el precio*
la caja	*la caja*
el cajero	*el cajero*
la balanza	*la balanza*

El desayuno
Breakfast

Nombre _____

Escribe en español.

la leche — *la leche*

las salchichas — *las salchichas*

los huevos — *los huevos*

el cereal — *el cereal*

el pan tostado — *el pan tostado*

el jugo de naranja — *el jugo de naranja*

Escribe en español lo que comes para el desayuno.
(Write In Spanish what you have for breakfast.)

Answers will vary

El almuerzo
Lunch

Nombre _____

Escriba en español.

el sándwich — *el sándwich*

la hamburguesa — *la hamburguesa*

la ensalada — *la ensalada*

el perro caliente — *el perro caliente*

la salsa de tomate — *la salsa de tomate*

las papas fritas — *las papas fritas*

Escriba lo que come al almuerzo. (Write what you eat for lunch.)

Answers will vary.

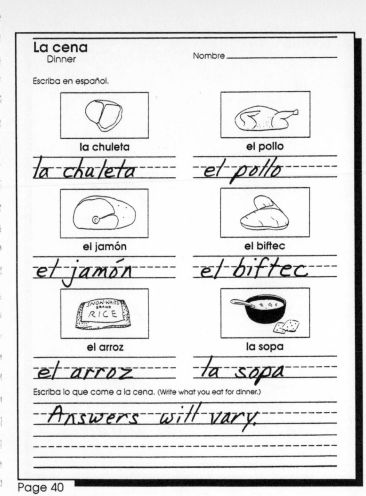

La cena
Dinner

Nombre _____

Escriba en español.

la chuleta
la chuleta

el pollo
el pollo

el jamón
el jamón

el biftec
el biftec

el arroz
el arroz

la sopa
la sopa

Escriba lo que come a la cena. (Write what you eat for dinner.)

Answers will vary.

Page 40

El tiempo
Weather

Nombre _____

Escriba en español.

el sol
el sol

las nubes
las nubes

la lluvia
la lluvia

la nieve
la nieve

el viento
el viento

Page 41

El tiempo

Nombre _____

Identifique el tiempo. Escriba en español.
(Identify the weather in each picture. Write the words in Spanish.)

el sol   *la lluvia*

la nieve   *las nubes*

la lluvia   *las nubes*

Page 42

Las estaciones
Seasons

Nombre _____

Escriba las estaciones.

el invierno
el invierno

la primavera
la primavera

el verano
el verano

el otoño
el otoño

Page 43

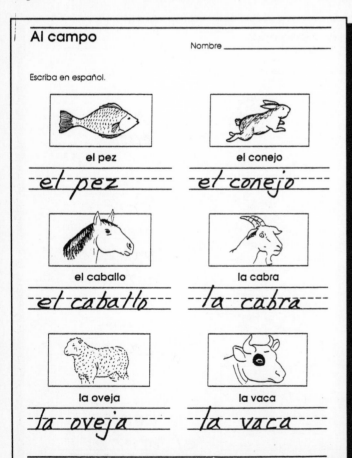

Al campo

Escriba en español. (Write each animal's name in Spanish.)

1. la vaca
2. el cerdo
3. el perro
4. el caballo
5. el pájaro
6. la serpiente
7. la cabra
8. la oveja
9. el conejo
10. la gallina
11. la tortuga
12. el pez
13. la rana
14. el gato

Page 48

Al campo

Dibuje cada animal o objeto. (Draw each animal or object.)

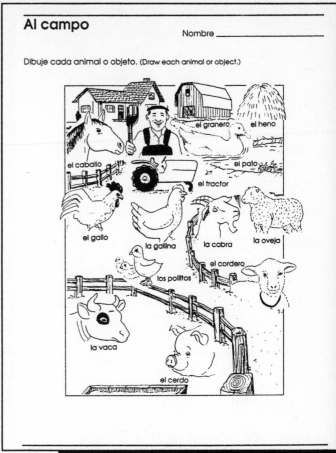

el granero   el heno
el caballo   el palo
el tractor
el gallo   la gallina   la cabra   la oveja
el cordero
los pollitos
la vaca
el cerdo

Page 49

El transporte
Transportation

Escribe en español.

el carro
el carro

el camión
el camión

el avión
el avión

el bote
el bote

el tren
el tren

Page 50

El transporte

Escriba en español.

el autobús
el autobús

la bicicleta
la bicicleta

la motocicleta
la motocicleta

el taxi
el taxi

la canoa
la canoa

Page 51

El transporte

Nombre _____

Contesta en español. (Answer in Spanish.)

1. Children ride to school on me.

   What am I? _el autobús_

2. Indians once used me.

   What am I? _la canoa_

3. Travel time "flies" on me.

   What am I? _el avión_

4. My English name rhymes with "float" which is what I do.

   What am I? _el bote_

5. I have a caboose.

   What am I? _el tren_

6. Children learn to ride me when they are about five.

   What am I? _la bicicleta_

7. People use me to carry very big loads.

   What am I? _el camión_

El transporte

Nombre _____

Escribe en español.

el autobús   _el tren_

el carro   _la canoa_

el camión   _la motocicleta_

la bicicleta   _el bote_

Los deportes
Sports

Nombre _____

Escribe en español.

el esquí   el patinaje

el esquí   _el patinaje_

la gimnasia   la equitación

la gimnasia   _la equitación_

la natación   la lucha libre

la natación   _la lucha libre_

Los deportes

Nombre _____

Escriba en español.

el fútbol   el béisbol

el fútbol   _el béisbol_

el fútbol americano   el hockey

el fútbol americano   _el hockey_

el baloncesto   el tenis

el baloncesto   _el tenis_

el boliche   el golf

el boliche   _el golf_

---

116   IF8790 Spanish

Los deportes

Identifica los deportes en español.
(Identify each sport in Spanish.)

Nombre _____

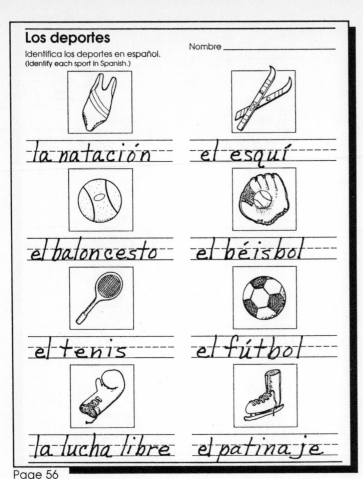

la natación   *el esquí*

el baloncesto   *el béisbol*

el tenis   *el fútbol*

la lucha libre   *el patinaje*

Page 56

Las profesiones
Professions

Nombre _____

Escribe en español.

el chofer — *el chofer*

el bombero — *el bombero*

el piloto — *el piloto*

el médico — *el médico*

la enfermera — *la enfermera*

el dentista — *el dentista*

Page 57

Las profesiones

Escribe en español.

Nombre _____

la cantante — *la cantante*

el plomero — *el plomero*

el abogado — *el abogado*

el cartero — *el cartero*

el carpintero — *el carpintero*

el policía — *el policía*

el mecánico — *el mecánico*

la artista — *la artista*

Page 58

Las profesiones

Nombre _____

Write in Spanish who does the following jobs.

1. repairs cars — *el mecánico*
2. puts out fires — *el bombero*
3. delivers mail — *el cartero*
4. paints — *la artista*
5. directs traffic — *el policía*
6. repairs leaky pipes — *el plomero*
7. flies airplanes — *el piloto*
8. sings — *la cantante*
9. checks your teeth — *el dentista*
10. drives a truck — *el chofer*
11. builds houses — *el carpintero*
12. helps with legal problems — *el abogado*
13. heals the sick — *el médico*

Page 59

El cuerpo
The Body

Nombre _____

Escriba en español.

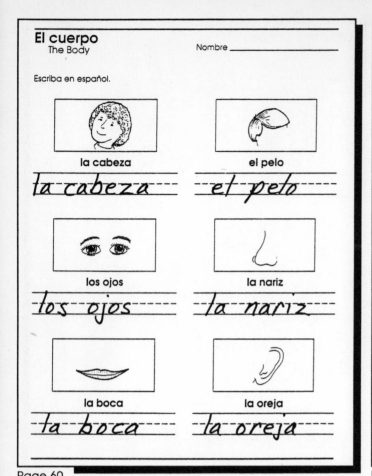

la cabeza

la cabeza

el pelo

el pelo

los ojos

los ojos

la nariz

la nariz

la boca

la boca

la oreja

la oreja

El cuerpo

Nombre _____

Escriba en español.

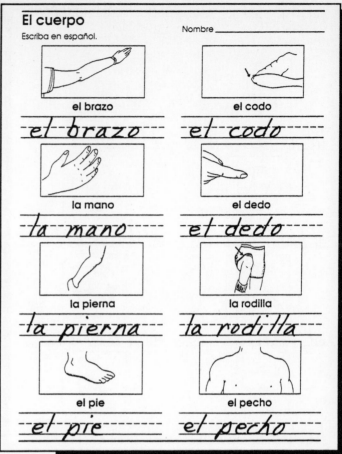

el brazo

el brazo

el codo

el codo

la mano

la mano

el dedo

el dedo

la pierna

la pierna

la rodilla

la rodilla

el pie

el pie

el pecho

el pecho

El cuerpo

Nombre _____

Label the parts of the body in Spanish.

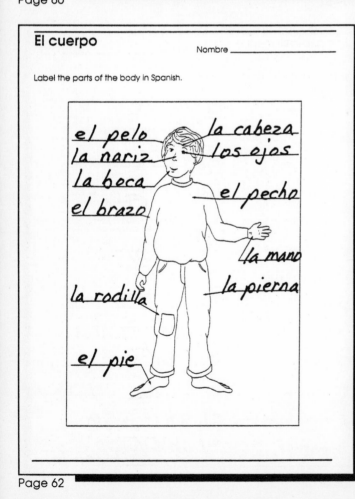

el pelo
la nariz
la boca
el brazo
la rodilla
el pie

la cabeza
los ojos
el pecho
la mano
la pierna

La salud
Health

Nombre _____

Escriba en español.

la medicina

la medicina

las píldoras

las píldoras

el jarabe

el jarabe

la vendita

la vendita

la herida

la herida

la tos

la tos

La salud

Escribe en español.

dolor de cabeza

dolor de cabeza

dolor de muelas

dolor de muelas

dolor de estómago

dolor de estómago

dolor de garganta

dolor de garganta

el termómetro

el termómetro

la inyección

la inyección

el médico

el médico

la enfermera

la enfermera

La salud

Nombre _____

Answers may vary.

¿Qué tienen ellos? (What ails them?)

Draw lines matching each ailment to the proper treatment.

1. *una herida* — el jarabe
2. *dolor de cabeza* — la vendita
3. *tos* — las píldoras
4. *dolor de estómago* — la medicina
5. *dolor de garganta* — el termómetro

La comunicación
Communication

Nombre _____

Escribe en español.

la carta

la carta

el periódico

el periódico

el teléfono

el teléfono

la radio

la radio

la televisión

la televisión

el disco

el disco

La comunicación

Escriba en español.

Nombre _____

la revista

la revista

el telegrama

el telegrama

el cartel

el cartel

la cartelera

la cartelera

el semáforo

el semáforo

la boca

la boca

los gestos

los gestos

el libro

el libro

IF8790 Spanish

La comunicación

Nombre _____

Escribe en español. (Write in Spanish.)

la boca   *la carta*   *el disco*

el cartel   *el telegrama*   *los gestos*

1. *el periódico*   3. *el teléfono*   5. *el cartelera*
2. *la radio*   4. *la televisión*   6. *el semáforo*

Las herramientas y los materiales
Tools and Materials

Nombre _____

Escribe en español.

el martillo   los clavos

el martillo   *los clavos*

el destornillador   los tornillos

el destornillador   *los tornillos*

el serrucho   los alicates

el serrucho   *los alicates*

Las herramientas y los materiales

Escribe en español.

Nombre _____

la llave   el taladro

la llave   *el taladro*

el rastrillo   la pala

el rastrillo   *la pala*

el hacha   la cinta de medir

el hacha   *la cinta de medir*

el ladrillo   la madera

el ladrillo   *la madera*

Las herramientas y los materiales

Nombre _____

Aparea y escribe la letra que corresponde.

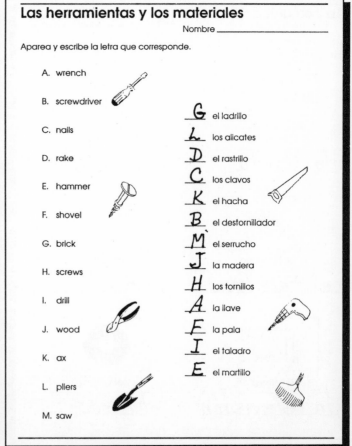

A. wrench
B. screwdriver
C. nails
D. rake
E. hammer
F. shovel
G. brick
H. screws
I. drill
J. wood
K. ax
L. pliers
M. saw

G el ladrillo
L los alicates
D el rastrillo
C los clavos
K el hacha
B el destornillador
M el serrucho
J la madera
H los tornillos
A la llave
F la pala
I el taladro
E el martillo

       IF8790 Spanish

Nombre _____

Escriba en español.

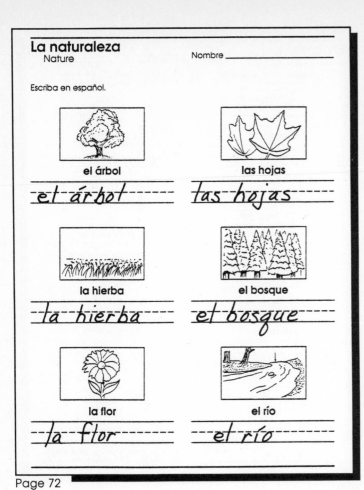

el árbol

et árbot

las hojas

tas hojas

la hierba

ta hierba

el bosque

et bosque

la flor

ta flor

el río

et río

Escriba en español.

Nombre _____

el lago

et lago

el océano

et océano

la playa

ta playa

el cielo

et cielo

las montañas

tas montañas

el desierto

et desierto

el valle

et valle

el arbusto

et arbusto

Nombre _____

Write the Spanish words for the parts of nature you see in each picture below

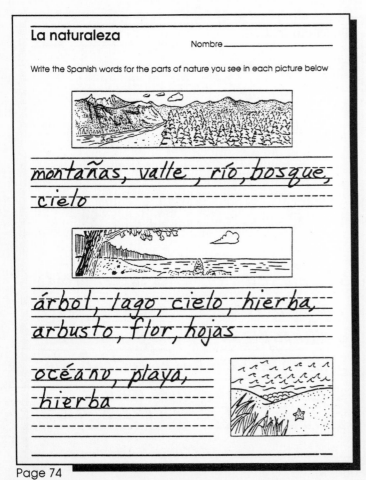

montañas, valle, río, bosque, cielo

árbol, lago, cielo, hierba, arbusto, flor, hojas

océano, playa, hierba

Nombre _____

Escriba en español.

los edificios

tos edificios

el rascacielos

et rascacietos

el restaurante

et restaurante

el hotel

et hotel

la escuela

ta escueta

la iglesia

ta iglesia

En la ciudad

Nombre _____

Escribe en español.

la estación
la estación

el museo
el museo

la estación de policía
la estación de policía

la estación de bomberos
la estación de bomberos

la fábrica
la fábrica

las oficinas
las oficinas

En la ciudad

Escriba en español.

Nombre _____

el hospital
el hospital

el almacén
el almacén

el supermercado
el supermercado

la panadería
la panadería

la farmacia
la farmacia

la juguetería
la juguetería

el cine
el cine

el estacionamiento
el estacionamiento

En la ciudad

Nombre _____

Escribe en español donde encontrarías lo siguiente. (Write in Spanish where you would find each of these things.)

la estación

la panadería

la escuela

la estación de bomberos

la farmacia

la juguetería

el almacén

el supermercado

el museo

En la ciudad

Nombre _____

Escribe en español los edificios enumerados. (Write the names of the numbered buildings in Spanish.)

1. *el museo*
2. *la fábrica*
3. *el hospital*
4. *la iglesia*
5. *las oficinas*
6. *el rascacielos*
7. *el supermercado*
8. *la estación de policía*
9. *la panadería*
10. *el restaurante*
11. *el cine*
12. *el hotel*

IF8790 Spanish

En el banco
At the Bank

Nombre _____

Escribe en español.

la cajera

la cajera

el billete

el billete

las monedas

las monedas

el cheque

el cheque

el talonario

el talonario

la billetera

la billetera

Al banco

Nombre _____

Escriba en español.

la caja fuerte

la caja fuerte

la caja de seguridad

la caja de seguridad

el guardia de seguridad

el guardia de seguridad

la alcancía

la alcancía

la tarjeta de crédito

la tarjeta de crédito

el cheque viajero

el cheque viajero

la cerradura

la cerradura

la llave

la llave

En el banco

Nombre _____

Escribe en español los objetos enumerados.

1. *las monedas*
2. *la billetera*
3. *el billete*
4. *la cajera*
5. *el cheque*
6. *el talonario*
7. *la alcancía*
8. *la caja fuerte*
9. *la caja de seguridad*
10. *el guardia de seguridad*

A la mesa
At the Table

Nombre _____

Escriba en español.

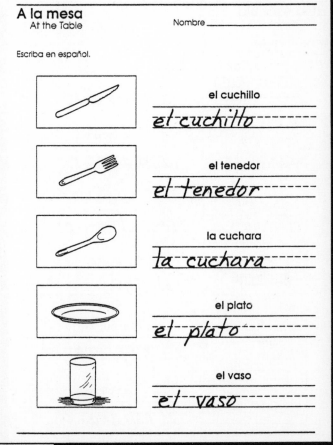

el cuchillo

el cuchillo

el tenedor

el tenedor

la cuchara

la cuchara

el plato

el plato

el vaso

el vaso

A la mesa

Nombre _____

Escriba en español.

la taza

la taza

el platillo

el platillo

la escudilla

la escudilla

la servilleta

la servilleta

el mantel

el mantel

A la mesa

Nombre _____

Escriba en español.

1. I cut my meat with
el cuchillo

2. I drink milk out of
el vaso

3. My parents drink coffee out of
la taza
on
el platillo

4. I wipe my hands on
la servilleta

5. I eat vegetables with
el tenedor

6. I eat ice cream with
la cuchara
when it's served in
la escudilla

Write the Spanish word which corresponds to the numbers in the picture.

1. *el vaso*
2. *el plato*
3. *la taza*
4. *el platillo*
5. *la escudilla*
6. *la servilleta*
7. *el mantel*
8. *el tenedor*
9. *el cuchillo*
10. *la cuchara*

En la escuela
At School

Nombre _____

Escribe en español.

la escuela

la escuela

la maestra

la maestra

los alumnos

los alumnos

el libro

el libro

el pupitre

el pupitre

el bolígrafo

el bolígrafo

A la escuela

Nombre _____

Escriba en español.

el lápiz

el lápiz

el papel

el papel

el pizarrón

el pizarrón

la tiza

la tiza

el borrador

el borrador

el salón

el salón

IF8790 Spanish

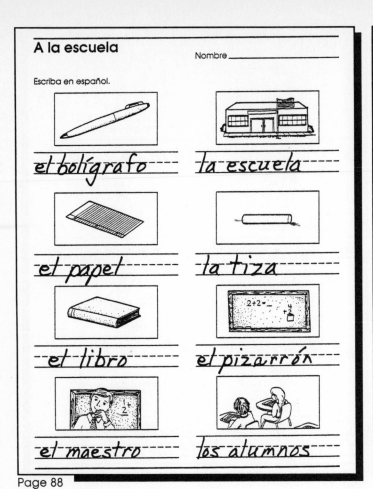

A la escuela

Nombre _____

Escriba en español.

el bolígrafo   *la escuela*

el papel   *la tiza*

el libro   *el pizarrón*

el maestro   *los alumnos*

A la escuela

Nombre _____

Escriba en español.

El salón

la maestra   *el pizarrón*
el libro   *el lápiz*
el papel   *el bolígrafo*
los alumnos

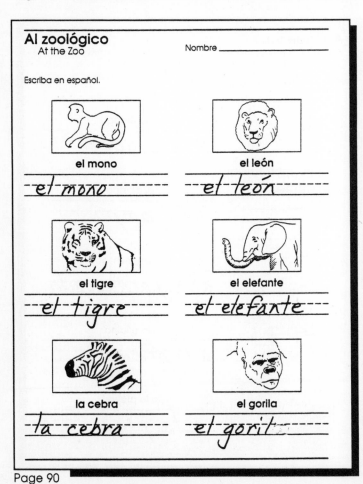

Al zoológico
At the Zoo

Nombre _____

Escriba en español.

el mono   el león

el mono   *el león*

el tigre   el elefante

el tigre   *el elefante*

la cebra   el gorila

la cebra   *el goril*

Al zoológico

Nombre _____

Escriba en español.

la jirafa   el oso

la jirafa   *el oso*

el canguro   la llama

el canguro   *la llama*

el camello   la foca

el camello   *la foca*

la culebra   el hipopótamo

la culebra   *el hipopótamo*

          IF8790 Spanish

Al zoológico

Nombre _____

Match the animals with their number in the picture.

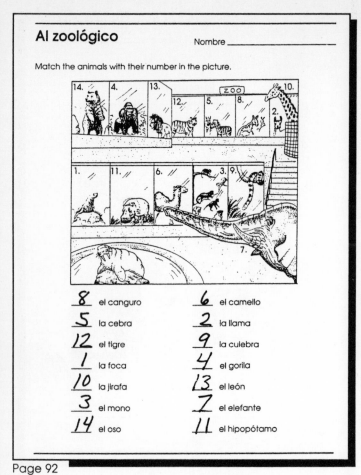

8	el canguro	6	el camello
5	la cebra	2	la llama
12	el tigre	9	la culebra
1	la foca	4	el gorila
10	la jirafa	13	el león
3	el mono	7	el elefante
14	el oso	11	el hipopótamo

En el circo
At the Circus

Nombre _____

el payaso — *et payaso*

la acróbata — *ta acróbata*

el malabarista — *et malabarista*

el trapecista — *et trapecista*

el domador — *et domador*

el jinete — *et jinete*

la taquilla — *ta taquilla*

la orquesta — *la orquesta*

En el circo

Nombre _____

¿Qué ve el chico? (What does he see?) Escribe en español.

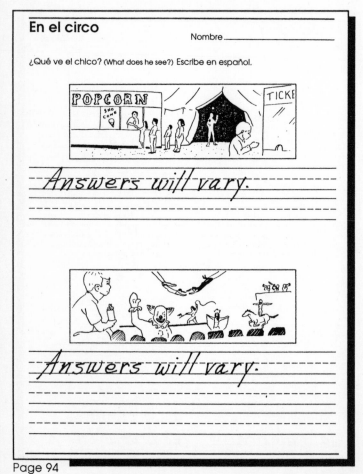

Answers will vary.

Answers will vary.

¿Adónde vas?
Where are you going?

Nombre _____

Escribe en español.

a la ciudad — *a la ciudad*

al campo — *al campo*

al supermercado — *al supermercado*

a la oficina — *a la oficina*

a la playa — *a la playa*

¿Adónde vas?

Nombre_____

Escribe en español.

al restaurante
al restaurante

al correo
al correo

al banco
al banco

a la piscina
a la piscina

al aeropuerto
al aeropuerto

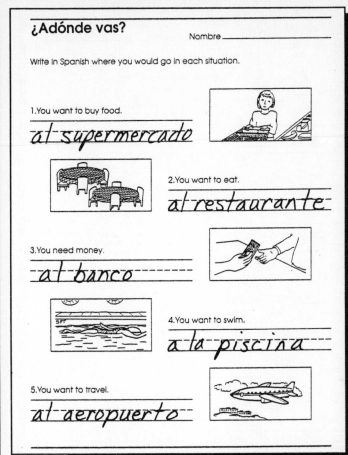

¿Adónde vas?

Nombre_____

Write in Spanish where you would go in each situation.

1. You want to buy food.
al supermercado

2. You want to eat.
al restaurante

3. You need money.
al banco

4. You want to swim.
a la piscina

5. You want to travel.
al aeropuerto

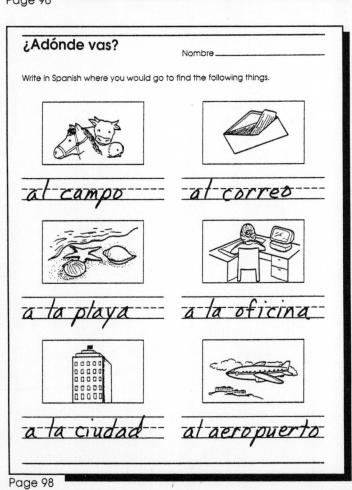

¿Adónde vas?

Nombre_____

Write in Spanish where you would go to find the following things.

al campo   *al correo*

a la playa   *a la oficina*

a la ciudad   *al aeropuerto*

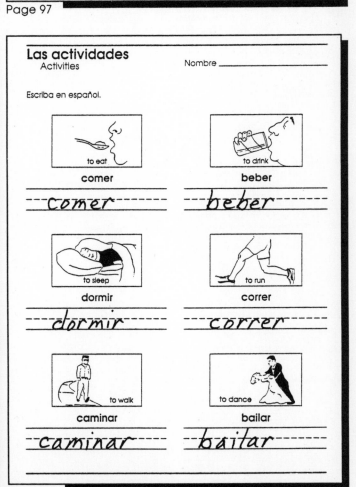

Las actividades
Activities

Nombre_____

Escriba en español.

to eat
comer
comer

to drink
beber
beber

to sleep
dormir
dormir

to run
correr
correr

to walk
caminar
caminar

to dance
bailar
bailar

Las actividades

Escriba en español.

Nombre _____

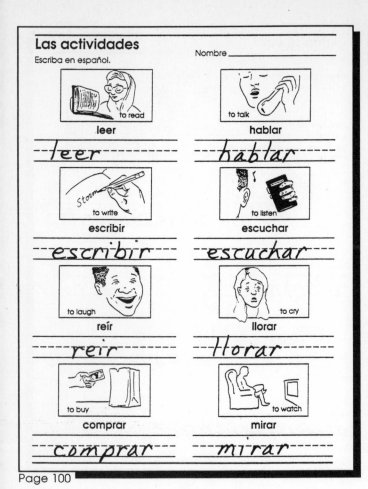

to read
leer

leer

to write
escribir

escribir

to laugh
reír

reir

to buy
comprar

comprar

to talk
hablar

hablar

to listen
escuchar

escuchar

to cry
llorar

llorar

to watch
mirar

mirar

Las actividades

Nombre _____

¿Que hacen? (What are they doing?)

Escriba las actividades en español.

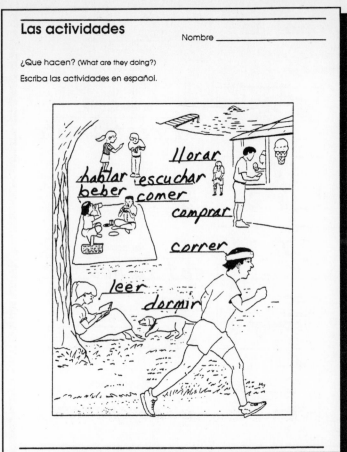

IF8790 Spanish